Dr. Christian Rauda

SACHENRECHT II (GRUNDSTÜCKSRECHT)

Dieser Grundriss richtet sich an alle, die …

… sich rasch einen Überblick über das Grundstücksrecht verschaffen wollen.

… durch Systemkenntnis ihre Ängste vor dem Grundstücksrecht abbauen wollen.

… wissen wollen, wie man den abstrakten Stoff klausurgerecht präsentiert.

… sich anhand von Schemata orientieren und konkrete Klausurtipps suchen.

Ich danke Harald Bretschneider sehr herzlich für seine wertvollen Hinweise zu diesem Band. Weitere Materialien und kostenlose Übungsfälle findet man unter

www.rauda-zenthoefer.de

Christian Rauda

Hamburg, im April 2010

_____

Dr. Christian Rauda, Fachanwalt für Gewerblichen Rechtsschutz und Fachanwalt für Urheber- und Medienrecht, ist Partner der Medienrechtskanzlei GRAEF Rechtsanwälte (Hamburg/Berlin) sowie Justiziar des Deutschen Internetverbandes. Er ist Dozent an der Johannes Gutenberg-Universität Mainz, der Hamburg Media School und der Universität Hamburg. Zu erreichen ist er unter rauda.christian@googlemail.com

_____

COPYRIGHT: Richter-Verlag
               Hans-Peter Richter
               Paul-Schroeder-Straße 18
               24229 Dänischenhagen
               Tel. 04349-1725
               Fax 04349-571
               e-mail: RICHTER-VERLAG@t-online.de
               Website: www.Richter-Verlag.de

Druck und Verarbeitung: Druckerei Schmidt & Klaunig, Kiel

Weitere Bücher dieser Reihe sind erhältlich über den Buchhandel oder direkt vom Verlag.

3. Auflage 2010

ISBN 978-3-935150-47-7

Inhalt

Wie man die Angst vor dem Grundstücksrecht verliert   **1**

1. Kapitel: Grundlagen: Sachenrechtliche Grundsätze und das System des Grundstücksrechts   **2**

2. Kapitel: Das Grundbuch   **5**

    A. Warum gibt es ein Grundbuch und wie sieht es aus?   5

    B. Auf das Grundbuch kann man sich (meistens) verlassen…   7

    C. Der Grundbuchberichtigungsanspruch   9

    Wiederholungsfragen   11

3. Kapitel: Verfügungen über Rechte am Grundstück   **12**

    A. Der Begriff der „Verfügung"   12

    B. Die Übertragung des Eigentums vom Berechtigten (§ 873 I Var.1)   13

    Übungsfall   15

    C. Die Übertragung des Eigentums vom Nichtberechtigten (§§ 873 I Var.1, 892)   17

    Übungsfall   20

    D. Das Anwartschaftsrecht des Auflassungsempfängers   23

    Wiederholungsfragen   28

4. Kapitel: Die Vormerkung   **30**

    A. Was ist eine Vormerkung und wozu ist sie gut?   30

    B. Entstehungsvoraussetzungen einer Vormerkung   31

    C. Wirkung der Vormerkung   33

    Übungsfall   36

    Wiederholungsfragen   39

    D. Gutgläubiger Erwerb einer Vormerkung   40

    1. Der gutgläubige Ersterwerb   44

    Übungsfall   46

    2. Der gutgläubige Zweiterwerb   50

    Übungsfall   52

    Wiederholungsfragen   55

5. Kapitel: Der Rang der Grundstücksrechte   **57**

    Übungsfall   60

6. Kapitel: Die Begründung, Aufhebung und die   **62**
Inhaltsänderung beschränkter dinglicher Rechte

7. Kapitel: Kurzüberblick über das formelle   **63**
Grundstücksrecht (GBO)

    Wiederholungsfragen   64

8. Kapitel: Einführung zu den Grundpfandrechten   **66**

    Wiederholungsfragen   70

9. Kapitel: Die Hypothek   72

A. Die Entstehung der Hypothek und der gutgläubige
Ersterwerb   72

B. Die Übertragung der Hypothek   75

C. Der gutgläubige Zweiterwerb einer Hypothek   76

Übungsfall   84

Wiederholungsfragen   88

D. Verteidigung (Einwendungen) gegen die Hypothek   90

E. Der Haftungsverband der Hypothek   92

Übungsfall   95

F. Übergang der Hypothek bei Zahlung auf Hypothek und
Forderung   97

Übungsfall   100

Wiederholungsfragen   103

10. Kapitel: Das Recht der Grundschuld   105

A. Grundsätzliche Unterschiede zwischen Hypothek und
Grundschuld   105

B. Die Bestellung der Grundschuld   106

C. Die Übertragung der Grundschuld   108

D. Einreden und gutgläubig-einredefreier Erwerb   109

E. Zahlung auf Forderung und Grundschuld   110

Übungsfall   114

Wiederholungsfragen   115

11. Kapitel: Dienstbarkeiten und Nießbrauch   117

Wie man die Angst vor dem Grundstücksrecht verliert

Die Worte „Hypothek" oder „Grundschuld" im Sachverhalt einer Abschluss- oder Scheinklausur sind für die meisten Studenten ein Schock. Fast immer stehen einige Prüflinge reflexartig auf, geben ein leeres Blatt ab, verlassen panikartig den Raum und hoffen auf die nächste Klausur...

Das muss nicht sein. Das Gründstücksrecht ist in der Klausur nämlich gut handhabbar, wenn man das System verstanden hat.

Ohne Kenntnis des Systems ist das Immobiliarsachenrecht allerdings ein intuitiv kaum zu erfassender Dschungel von Vorschriften. Erschwerend kommt hinzu, dass einige Paragraphen in schwer verständlichem Deutsch verfasst sind.

Daher gilt das Grundstücksrecht unter vielen Studenten als das am schwierigsten zu durchschauende Rechtsgebiet des Zivilrechts. Das ist auch keine Überraschung. Jeder Jurastudent hat in seinem Leben unzählige Kaufverträge über bewegliche Sachen abgeschlossen. Mit Hypotheken und Grundschulden hat er in der Regel nichts zu tun.

Dieses Buch soll Ihnen die oben beschriebene Panik ersparen, indem es die Grundzüge des Grundstücksrechts in klarer und verständlicher Sprache erläutert. Nach dem Durcharbeiten werden Sie naturgemäß nicht jedes Problem des Immobiliarsachenrechts beherrschen, aber Sie werden ein Gefühl für das Rechtsgebiet entwickeln, das Sie auch mit schwierigeren Fällen fertig werden lässt.

Wenn Sie dieses Buch mit Gewinn durcharbeiten möchten, müssen Sie unbedingt alle zitierten Vorschriften nachschlagen und mitlesen, auch wenn ihnen das lästig vorkommt. Nur so bekommen Sie das nötige Gespür. Sie können dadurch den Lernprozess sehr beschleunigen. Darüber hinaus finden Sie in der Klausur die relevanten Normen auch schneller im Gesetz. Das Gesetz ist schließlich Ihre einzige Rettung in der Klausur. Es ist Ihr Anker. Versuchen Sie daher, das Gelernte im Gesetz zu verorten und mit dem Wortlaut in Verbindung zu bringen. Wenn Sie dann den Gesetzeswortlaut in der Klausur wieder lesen, fallen Ihnen auch all die anderen Dinge ein, die Sie sich im Zusammenhang mit dem Text während der Vorbereitung klargemacht haben. Der Gesetzestext löst bei Ihnen dann einen Erinnerungsreflex aus.

Das System des Grundstücksrechts kann faszinierend sein, wenn Sie sich darauf einlassen. Krempeln Sie die Ärmel hoch. Bei der Erforschung des Immobiliarsachenrechts-Dschungels soll dieses Buch Ihre Machete und Ihr Kompass sein.

1. Kapitel:
Grundlagen: Sachenrechtliche Grundsätze und das System des Grundstücksrechts

Das Sachenrecht zählt über 400 Paragraphen. Leider sind Normen, die das bewegliche Sachenrecht betreffen und Paragraphen des Grundstücksrechts nicht immer sauber getrennt.

Dies ist einer der wesentlichen Gründe, warum Studenten das Sachenrecht als komplexe Materie erscheint. Oft ist nicht klar, welche Vorschriften überhaupt auf grundstücksrechtliche Fragestellungen anwendbar sind. Darüber hinaus gibt es im Sachenrecht viele Paragraphen, die man im Studium und in der Klausur fast nie brauchen wird. Dagegen gibt es andere Vorschriften, die typischerweise immer wieder in sachenrechtlichen Klausuren eine Rolle spielen.

Will man sich effizient auf die Sachenrechtsprüfung vorbereiten, so hat es Sinn, sich zunächst schwerpunktmäßig mit den Normen zu beschäftigen, die mit großer Wahrscheinlichkeit Gegenstand der Klausur sein werden.

Deshalb sollte man zwei Dinge tun, bevor man tiefer in die sachenrechtliche Materie eindringt:

Erstens ist es hilfreich, sich klarzumachen, welche Vorschriften für Grundstücke gelten. Die Überschriften der entsprechenden Abschnitte kann man im Gesetz mit einer Farbe markieren, die man wiedererkennt[1].

Zweitens muss man vor der Einarbeitung in das Recht der unbeweglichen Sachen die klausurträchtigen von den seltener geprüften Normen unterscheiden. Es gilt, die Spreu vom Weizen trennen und sich auf die entscheidenden Vorschriften konzentrieren.

Dabei hilft die folgende Übersicht, die aufzeigt, welche sachenrechtlichen Vorschriften für das Grundstücksrecht gelten und welche dort besonders klausurrelevant sind (letztere sind fett gedruckt).

---

[1] Vorsicht: In einigen Bundesländern sind Markierungen im Gesetz nicht erlaubt.

Übersicht: Sachenrechtliche Normen (Klausurschwerpunkte des Grundstücksrechts fett)

Normen ⟶ gelten für ↓	§§ 854 – 872 Besitz	§§ 873 – 902 Allgemeines über Rechte an Grund- stücken	§§ 903 – 924 Inhalt des Eigentums	§§ 925-928 Erwerb + Verlust des Eigentums an Grund- stücken	§§ 929-945 Eigentum an bewegl. Sachen; Ersitzung
bewegliche Sachen	X		nur §§ 903 und 904		X
unbewegl. Sachen	X	X	X	X	

Normen ⟶ gelten für ↓	§§ 946-952 Verbindung, Vermischung, Verarbeitung	§§ 985 – 1007 Ansprüche aus Eigentum	§§ 1008 – 1011 Miteigentum	§§ 1018- 1029 Grund- dienst- barkeiten	§§ 1030- 1067 Nießbrauch
bewegliche Sachen	X (außer § 946)	X	X		X (außer 1038, 1043, 1048, 1056,1059, 1062)
unbewegl. Sachen	nur §§ 946 und 951	X (außer §§ 1006 und 1007)	X	X	X (außer 1032, 1033, 1035, 1064, 1067)

Übersicht: Sachenrechtliche Normen (Klausurschwerpunkte des Grundstücksrechts fett) - Fortsetzung

Normen ⟶ gelten für ↓	§§ 1090-1112 Bes. persönl. Dienstbarkeit; Vorkaufsrecht, Reallast	§§ 1113-1190 **Hypothek**	§§ 1191-1198 **Grund-schuld**	§§ 1199-1203 Renten-schuld	§§ 1204-1258 Pfandrecht an beweg-lichen Sachen
bewegliche Sachen					X
unbewegl. Sachen	X	X	X	X	

Das Grundstücksrecht ist von denselben sachenrechtlichen Prinzipien geprägt wie das Mobiliarsachenrecht. Es gilt der **Publizitätsgrundsatz** (Offenkundigkeitsgrundsatz), was bedeutet, dass Grundstücksrechte nach außen sichtbar sein müssen. Sie werden grundsätzlich im Grundbuch publik gemacht.

Der **Spezialitätsgrundsatz** besagt, dass dingliche Rechte immer nur an einzelnen Sachen möglich sind, nicht an Sachgesamtheiten.

Das **Absolutheitsprinzip** hat zum Inhalt, dass Sachenrechte gegenüber allen wirken, also absolut. Der Gegensatz ist der Relativitätsgrundsatz, den man im Vertragsrecht findet, da dort Rechte nur gegenüber dem Vertragspartner wirken.

Das **Abstraktionsprinzip** bedeutet, dass das sachenrechtliche Rechtsgeschäft, also etwa die Übertragung oder Belastung eines Rechts von dem schuldrechtlichen Kausalgeschäft (z.B. Kaufvertrag, Schenkung) losgelöst ist.

Klausurtipp: Da die Vermischung von schuldrechtlicher und sachenrechtlicher Ebene ein schwerwiegender Fehler in der Klausur ist, ist es wichtig, schon rein terminologisch Klarheit zu schaffen. Wenn man die Wirksamkeit eines Grundstückskaufvertrages prüft, benutzt man im Gutachten die Worte „Käufer" und „Verkäufer". Wenn es dagegen darum geht, ob das Eigentum wirksam übergegangen ist, sollte man stets die Begriffe „Veräußerer" und „Erwerber" verwenden. Eigentum wird also nie „gekauft", sondern immer „erworben".

2. Kapitel:
Das Grundbuch

A. Warum gibt es ein Grundbuch und wie sieht es aus?

In allen Fällen, die grundstücksrechtliche Probleme zum Inhalt haben, spielt das Grundbuch eine Rolle. Das Grundbuch kann man sich als die Lebensgeschichte eines Grundstücks vorstellen. Das Grundbuch, das beim Amtsgericht (Grundbuchamt) geführt wird, ist streng genommen kein Buch, sondern ein in Akten niedergelegtes Verzeichnis aller Grundstücke. Damit alles übersichtlich ist und man die Grundstücksdaten schnell in den Aktenbergen findet, sind die Akten nach einem System geordnet: Das Katasteramt vermisst jedes Grundstück und bezeichnet es nach Parzelle, Flur und Gemarkung. Unter diesem Namen findet man das Grundstück dann beim Grundbuchamt wieder. Weil alle Daten den Grundstücken zugeordnet sind und nicht etwa deren Eigentümern, nennt man das *Realfolium* (§ 3 I 1 GBO).

Um überblicken zu können, was alles im Grundbuch steht, ist es hilfreich, sich Gedanken darüber zu machen, welche Rechte man an einem Grundstück überhaupt haben kann. Ein Blick in § 873 hilft dabei. Sobald der Eigentümer Belastungen (z.B. Grundschulden oder Hypotheken) auf seinem Grundstück hat, ist klar, dass diese Rechte, die Dritte am Grundstück haben, irgendwo dokumentiert sein müssen. Genau das passiert im Grundbuch.

Im Grundbuch steht also, wem ein Grundstück gehört und wem es früher gehört hat. Darüber hinaus kann man aus dem Grundbuch ersehen, ob und welche Belastungen bestanden oder bestehen, also ob das Grundstück als Sicherheit für Kredite dient oder ob andere Personen als der Eigentümer besondere Rechte haben (z.B. Recht zum Überqueren des Grundstücks).

Weil das Grundbuch so wichtig ist, muss alles Rechtserhebliche eingetragen werden, was im Zusammenhang mit dem Grundstück passiert, also jede Rechtsänderung. Das Grundbuch ist eine Tabelle mit vier Spalten: *Bestandsverzeichnis* und drei *Abteilungen*. Im Bestandsverzeichnis wird das Grundstück näher bezeichnet (Größe, Lage, etc,), in der ersten Abteilung steht, wer Eigentümer des Grundstücks ist sowie die Grundlage des Erwerbs (vor allem Auflassung und Erbfall). Die zweite Abteilung enthält Lasten und Beschränkungen (mit Ausnahme von Grundpfandrechten), also Nießbrauch, Dienstbarkeit, Anordnung einer Nacherbfolge oder einer Testamentsvollstreckung. Die dritte Abteilung ist schließlich für die Grundpfandrechte - Hypotheken, Grundschulden und Rentenschulden - reserviert.

Übersicht: Der Aufbau des Grundbuchs

Bestandsverzeichnis	Erste Abteilung	Zweite Abteilung	Dritte Abteilung
Lage und Größe des Grundstücks	Eigentümer und die Grundlage des Erwerbs	Lasten und Beschränkungen (außer Grundpfandrechte)	Grundpfandrechte

Der Eintrag im Grundbuch hat drei Auswirkungen: Die Übertragungsfunktion, die Vermutungswirkung und die Gutglaubenswirkung.

Nach der **Übertragungsfunktion** muss jede rechtsgeschäftliche Rechtsänderung zu ihrer Wirksamkeit im Grundbuch eingetragen werden (§ 873).

Die **Vermutungswirkung** bedeutet, dass die Richtigkeit des Grundbuchs vermutet wird (§ 891).

Die **Gutglaubenswirkung** hat schließlich zur Folge, dass derjenige, der sich bei Erwerb eines Rechts auf das Grundbuch verlässt, besonders geschützt ist (§ 892).

Ein dem Grundbuch vergleichbares Register existiert für bewegliche Sachen grundsätzlich nicht[2]. Wenn man kurz darüber nachdenkt, ist das auch kein Wunder. Es wäre viel zu aufwendig, ein solches Register zu führen. Bewegliche Sachen haben im Verhältnis zu Grundstücken meistens einen geringeren Wert. Bei Grundstücken ist der Aufwand auch deshalb gerechtfertigt, weil Grund und Boden das Kernstück der Existenzsicherung sind. Zumindest war das früher so. Da Grundstücke die wichtigste Einkommensquelle waren, wollte man den Rechtsverkehr mit ihnen besonders sicher gestalten.

Die technischen Details, wie das Grundbuch geführt und wie Rechtsänderungen an Grundstücken praktisch vollzogen werden, sind in der Grundbuchordnung (GBO) geregelt. Dort steht also etwa, in welcher Reihenfolge die Anträge auf Eintragung von Änderungen zu bearbeiten sind und unter welchen formellen Voraussetzungen eine Umschreibung erfolgen kann. Man nennt die GBO auch formelles Grundstücksrecht.

In der Klausur spielt die Grundbuchordnung zumeist eine eher untergeordnete Rolle. In der überwiegenden Anzahl von Fällen geht es um das so genannte materielle Grundstücksrecht, das im BGB geregelt ist. Es regelt im Grundsatz die Voraussetzungen dafür, dass sich an den Rechten am Grundstück etwas ändert.

---

[2] Es gibt ein paar Ausnahmen, die allerdings nicht klausurrelevant sind (Schiffsregister, Register für Pfandrechte an Luftfahrzeugen).

B. Auf das Grundbuch kann man sich (meistens) verlassen...

Weil das Grundbuch öffentlich über die „Lebensgeschichte" des Grundstücks Auskunft gibt, gilt der Grundsatz, dass man sich darauf verlassen kann, dass das, was im Grundbuch steht, auch richtig ist. Das nennt man Publizitätsgrundsatz. Dieser Grundsatz spiegelt sich in § 891 und § 892 BGB wider. § 891 enthält die Vermutungswirkung des Grundbuchs und § 892 die Gutglaubenswirkung. Das Gesetz macht deutlich, dass man sich in beide Richtungen auf das Grundbuch verlassen kann. Das Grundbuch hat hinsichtlich eintragungsfähiger Rechte so genannte *positive* und *negative Publizitätswirkung.*

Der Rechtsschein des Grundbuchs nach § 892 erstreckt sich also auf drei Bereiche:

1. Es wird vermutet, dass ein **eingetragenes** dingliches **Recht auch tatsächlich besteht** (§ 892 I 1).

> **Beispiel:** Wenn jemand als Eigentümer im Grundbuch verzeichnet ist, kann man davon ausgehen, dass er auch der Eigentümer ist (positive Publizität)[3].

2. Es wird vermutet, dass ein **nicht eingetragenes** (aber grundsätzlich eintragungsfähiges) **Recht nicht besteht** (§ 892 I 1).

> **Beispiele:** Wenn im Grundbuch eine Hypothek gelöscht ist, dann besteht vermutlich auch keine Hypothek. Wenn jemand Inhaber eine Hypothek ist, diese aber nicht eingetragen wurde, kann das Grundstück von einem Gutgläubigen lastenfrei, also ohne die Hypothek, erworben werden (negative Publizität).

3. Es wird vermutet, dass **jemand nicht in seiner Verfügungsmacht beschränkt** ist, **wenn keine** eintragungsfähige **Beschränkung eingetragen** ist (§ 892 I 2)[4].

> **Beispiel**: Wenn ein Veräußerungsverbot besteht (etwa nach §§ 1984 I 1, 2211, 2113 I BGB oder nach § 81 I 1 InsO), dieses aber nicht eingetragen ist, kann der Verkehr davon ausgehen, dass keine Beschränkung besteht.

> **Achtung:** Die Vermutungswirkung bezieht sich wieder nur auf eintragungsfähige Beschränkungen (§ 1365 fällt daher nicht unter § 892 I 2!).

---

[3] Im Recht der beweglichen Sachen gibt es eine Parallelvorschrift, nämlich § 1006. Diese Norm enthält die (widerlegliche) Vermutung, dass der Besitzer einer beweglichen Sache auch der Eigentümer ist.

[4] Achtung: Die Vermutungswirkung erstreckt sich nur auf das Nichtbestehen von Beschränkungen, wenn nichts im Grundbuch steht (negative Publizität). Umgekehrt wird allerdings nicht vermutet, dass eine eingetragene Verfügungsbeschränkung (z.B. Testamentsvollstreckervermerk, § 2211) auch wirklich besteht. Insoweit besteht also keine positive Publizität.

Der öffentliche Glaube des Grundbuchs bezieht sich neben dem Erwerb von Eigentum und dinglichen Rechten am Grundstück auch auf andere Rechtsgeschäfte, die rund um das Grundstück vereinbart werden können. Das ergibt sich aus § 893. Konkret hat § 893 u.a. die Aufhebung von Rechten (§ 877) und die Rangänderung (§ 880) im Auge. Der Rechtsschein des Grundbuchs erstreckt sich nicht auf nicht eintragbare Rechtsverhältnisse[5] (z.b. öffentlich-rechtliche Belastungen wie Bauverbote) und auch nicht auf im Grundbuch eingetragene Angaben tatsächlicher Art (Größe, Lage, Wirtschaftsart des Grundstücks). Achtung: Die Vermutung erstreckt sich nur auf eintragbare Rechtsverhältnisse. Im Hinblick auf Rechte, die nicht ins Grundbuch eingetragen werden können, kann das Grundbuch auch keine Vermutungswirkung entfalten.

Die Vermutungen haben einen besonderen Zweck. Sie gelten nämlich auch dann, wenn sie der Wirklichkeit nicht entsprechen. Ist also jemand fälschlicherweise im Grundbuch als Eigentümer eingetragen, können alle davon ausgehen, dass er der Eigentümer ist. Das ist so, weil man sich im Grundsatz darauf verlassen kann, was im Grundbuch steht und keine Nachforschungen anzustellen braucht, ob das Grundbuch auch richtig ist. Der Rechtsschein ersetzt also das Recht. Die Vermutungen des § 891 sind allerdings widerlegbar. Wenn das Grundbuch lügt und man aus irgendeinem Grund weiß, dass das Grundbuch fehlerhaft ist, kann man sich auf die Publizitätswirkung nicht mehr verlassen. Die Vermutung des § 891 zerplatzt dann wie eine Seifenblase, da der Bösgläubige nicht geschützt wird. Merksatz: „Besserwisser" sind nicht schutzwürdig.

Man fragt sich nun, was es für einen Zweck hat, dass man sich auf das Grundbuch verlassen kann, ohne Nachforschungen anzustellen. Das ist ganz einfach: Unsere Rechtsordnung hat sich dafür entschieden, dass man bei Gutgläubigkeit wirksam Eigentum an einem Grundstück auch dann erwerben kann, wenn ein unberechtigter Nichteigentümer das Grundstück veräußert. Der Erwerber muss aber zumindest einen Anhaltspunkt dafür haben, dass der Veräußerer wahrscheinlich der rechtmäßige Eigentümer ist. Im Recht der beweglichen Sachen wird dabei auf den Besitz abgestellt[6]. Im Grundstücksrecht tritt an die Stelle des Besitzes die Eintragung im Grundbuch. Wenn also jemand im Grundbuch als Eigentümer eingetragen ist, kann man wirksam von ihm Eigentum erwerben, sofern dem Erwerber unbekannt ist, dass der Veräußerer gar nicht der wirkliche Eigentümer ist. Dieses „Sich-Verlassen-Können" gilt nicht nur hinsichtlich der Eintragung als Eigentümer, sondern auch bei allen anderen Rechten die im Grundbuch eingetragen werden, also etwa Hypotheken oder Grundschulden.

---

[5] Eintragbar sind: Erbbaurecht, Dienstbarkeiten, Vorkaufsrecht, Reallast und Grundpfandrechte (Hypothek, Grundschuld, Rentenschuld).
[6] Bei der Veräußerung von KfZ kommt es auf die Eintragung im Kfz-Brief an.

C. Der Grundbuchberichtigungsanspruch

Es kann passieren, dass das Grundbuch aufgrund unglücklicher Umstände oder durch ein Versehen fehlerhaft wird. Das Grundbuchamt kann beispielsweise Dinge verwechseln und falsche Eintragungen vornehmen. Es kann daher vorkommen, dass derjenige, der im Grundbuch als Inhaber eines Rechts eingetragen ist, in Wirklichkeit gar nicht der wahre Inhaber dieses Rechts ist.

Beispiel:
Der alleinstehende E stirbt. Da kein Testament gefunden wird, erbt sein Sohn S das Grundstück des E. S lässt sich als Eigentümer im Grundbuch eintragen. Kurz darauf findet man doch noch ein Testament des E, in dem dieser das Grundstück der Partei der Autofahrer und Biertrinker (PAB) vermacht hat.

Nach § 1922 geht das ganze Vermögen automatisch auf den Erben über. Erbe war die Partei der Autofahrer und Biertrinker. S wurde irrtümlich ins Grundbuch eingetragen.

Dieser Irrtum muss behoben werden können.

Das geht mit dem Grundbuchberichtigungsanspruch (§ 894). Wie der Name schon sagt, kann derjenige, der materiellrechtlich berechtigt ist, also der wahre Inhaber eines Rechts, von demjenigen, der irrtümlich im Grundbuch eingetragen ist, verlangen, dass dieser der Berichtigung des Grundbuchs zustimmt[7].

Voraussetzungen des Grundbuchberichtigungsanspruchs (§ 894)

1. Grundbucheintragung und materielle Rechtslage fallen auseinander

2. Anspruchsberechtigt ist der wahre Rechtsinhaber

3. Anspruchsverpflichtet ist der zu Unrecht Eingetragene
(man nennt ihn auch „Buchbesitzer")

Der Grundbuchberichtigungsanspruch ist verschuldensunabhängig. In unserem Beispiel ist es daher unerheblich, ob S wusste, dass er nicht der wirkliche Erbe war. Die Partei der Autofahrer und Biertrinker hat in jeden Fall einen Anspruch gegen S, dass dieser der Umschreibung zustimmt.

---

[7] Jeder, der eine Grundbuchposition aufgibt, muss zustimmen, auch wenn er nicht wirklich berechtigt ist. Dies ergibt sich aus der Grundbuchordnung (GBO). Siehe auch den Überblick zum formellen Grundstücksrecht (GBO).

Was aber passiert, wenn S sich weigert? Wie gezeigt, handelt es sich bei § 894 um einen Anspruch auf Zustimmung zur Berichtigung des Grundbuchs, also um einen Anspruch auf Abgabe der Willenserklärung. Hier eilt § 894 ZPO zur Hilfe, der normiert, dass die Abgabe einer Willenserklärung in einem solchen Fall durch das rechtskräftige Urteil ersetzt wird. Die Willenserklärung des sich weigernden S würde also fingiert. Die Partei der Autofahrer und Biertrinker kann die Grundbuchberichtung beim Grundbuchamt gegen Vorlage des rechtskräftigen Urteils gegen S erwirken.

Ein Grundbuchberichtigungsanspruch kann allerdings nicht erfolgreich gegenüber jemandem geltend gemacht werden, der ein Recht wirksam gutgläubig erworben hat (nach §§ 891, 892). Insofern geht der Schutz des Gutgläubigen vor und wirkt sich somit zu Lasten des eigentlich Berechtigten aus. Das ist eine rechtspolitische Entscheidung. Rechtsordnungen anderer Länder lösen diesen Konflikt zwischen wahrem Berechtigten und gutgläubigem Erwerber anders, nämlich zugunsten des wahren Berechtigten.

Prüfungstipp: Hin und wieder wird in mündlichen Prüfungen gefragt, ob es Ansprüche gibt, die nicht verjähren. Richtige Antwort ist der Grundbuchberichtigungsanspruch. Er kann wegen § 898 nicht verjähren.

Klausurmäßige Lösung des Beispielfalls (Sachverhalt s.o.):

1. Die Partei der Autofahrer und Biertrinker (PAB) könnte einen Anspruch gegen S auf Grundbuchberichtigung nach § 894 haben.

2. Dazu müsste die tatsächliche Rechtslage mit der Grundbucheintragung im Widerspruch stehen.

a) S ist im Grundbuch als Eigentümer eingetragen.

b) Er dürfte nicht der wirkliche Eigentümer sein.

aa) Ursprünglich war E Eigentümer des Grundstücks.

bb) Nach seinem Tod wurde sein Erbe nach § 1922 Gesamtrechtsnachfolger und damit automatisch Eigentümer. Durch Testament wurde die PAB zum Erben eingesetzt. Daher wurde sie Eigentümerin des Grundstücks.

3. Folglich fallen die Eintragung und die wahre Rechtslage auseinander. S ist lediglich Buchbesitzer ohne materiellrechtliche Legitimation.

Daher besteht ein Anspruch der PAB gegen S aus § 894 BGB auf Zustimmung zur Berichtigung des Grundbuchs zugunsten der PAB.

1. Was bedeutet positive Publizität?

   Wenn im Grundbuch für jemanden ein Recht eingetragen ist, so wird vermutet, dass ihm das Recht auch zusteht.

2. Wo ist der Grundsatz der positiven Publizität im Grundstücksrecht verankert?

   § 891 I

3. Was versteht man unter negativer Publizität?

   Wenn ein Recht im Grundbuch gelöscht ist, wird vermutet, dass das Recht nicht besteht.

4. Wo ist der Grundsatz der negativen Publizität im Grundstücksrecht verankert?

   § 891 II

5. Was regelt die Grundbuchordnung?

   Das formelle Grundstücksrecht.

6. Wie ist das Grundbuch aufgebaut?

   Vier Teile: Ein Bestandsverzeichnis und die Abteilungen I – III.

7. Was sind die wichtigsten Eintragungen in einem Grundbuch?

   Die Identifizierung des Grundstücks (Lage, Größe), die Eigentumslage, Belastungen des Grundstücks (Nießbrauch, Dienstbarkeiten, Grundpfandrechte).

8. Worauf erstrecken sich die Vermutungswirkung und die Gutglaubenwirkung nicht?

   Auf nicht eintragbare Rechtsverhältnisse und auf Angaben tatsächlicher Art.

9. Warum gibt es die Vermutungswirkung?

   Sie dient als Anknüpfungspunkt des guten Glaubens beim Erwerb vom Nichtberechtigten.

10. Was sind die Voraussetzungen des Grundbuchberichtigungsanspruchs?

    Auseinanderfallen von Grundbucheintrag und wirklicher Rechtslage.

11. Nach wie vielen Jahren verjährt der Grundbuchberichtigungsanspruch?

    Er verjährt nie, vgl. § 898.

3. Kapitel:
Verfügungen über Rechte am Grundstück

A. Der Begriff der „Verfügung"

Der Begriff der Verfügung spielt im Grundstücksrecht eine wichtige Rolle. Deshalb muss man unbedingt die Definition kennen[8].

Eine Verfügung ist ein Rechtsgeschäft,

durch das ein dingliches Recht

- aufgehoben,
- übertragen,
- belastet oder
- geändert wird.

Weil diese Definition nicht ganz einfach ist, bietet sich als Eselsbrücke die Szene einer Hochzeitsnacht an. Die Braut wird zunächst aufgehoben, über die Schwelle getragen, dann belastet und schließlich inhaltlich geändert.

Bei einer Verfügung über Grundstücksrechte passiert also immer etwas mit den Rechten. Da die Verfügung ein **dingliches Rechtsgeschäft** ist, setzt sie wie alle Rechtsgeschäfte Angebot und Annahme voraus. Die häufigste Art der Verfügung ist die Übertragung des Eigentums.

Man muss sich klar machen, was es bedeutet, dass die Verfügung ein Rechtsgeschäft über *dingliche* Rechte ist. Wird etwa ein bestehender Kaufvertrag von den Parteien einvernehmlich geändert, so hat dies zwar auch eine Inhaltsänderung zur Folge. Dennoch liegt keine Verfügung vor, da es sich bei den vertraglichen Rechten aus dem Kaufvertrag nicht um dingliche, sondern um schuldrechtliche Rechte handelt. Wichtig ist, schuldrechtliche und sachenrechtliche Ebene im Kopf strikt zu trennen. Es gilt das Abstraktionsprinzip! Wer schuldrechtliches und sachenrechtliches Geschäft durcheinander wirft, macht einen schweren Fehler, der in der Klausur unverzeihlich ist.

---

[8] Die gute Nachricht ist, dass man diese Definition der Verfügung auch in anderen Rechtsgebieten gut gebrauchen kann, etwa im Bereicherungsrecht bei § 816. Achtung: Von der sachenrechtlichen Verfügung zu unterscheiden ist die erbrechtliche Verfügung. Die erbrechtliche „Verfügung von Todes wegen" ist der Oberbegriff für das Testament und die letztwillige Verfügung (siehe § 1937).

Die Voraussetzungen einer wirksamen grundstücksrechtlichen Verfügung durch den Berechtigten sind immer identisch. Der Berechtigte muss sich mit dem Erwerber des Rechtes einigen, und dann muss diese Einigung im Grundbuch eingetragen werden.

Verfügung

ist ein Rechtsgeschäft der...

...Aufhebung	...Übertragung	...Belastung	...Änderung

das voraussetzt:

1. dingliche Einigung	2. Eintragung ins Grundbuch

Die wichtigste Vorschrift im Zusammenhang mit Verfügungen über Grundstücksrechte ist § 873 I. Wenn man die Norm genau liest, so findet man vier Varianten:

Übertragung des Eigentums	Belastung mit einem Recht	Übertragung einer Belastung	Belastung einer Belastung (kaum klausurrelevant)
(§ 873 I Var.1)	(§ 873 I Var.2), z.B.	(§ 873 I Var.3), z.B.	(§ 873 I Var.4), z.B.
Übereignung eines Grundstücks	Bestellung einer Hypothek	Übertragung einer Grundschuld	Verpfändung einer Grundschuld

Klausurtipp: Wenn in einem Sachverhalt steht, dass jemand sein Haus veräußert oder sein Haus mit einer Hypothek belastet, so ist das juristisch nicht exakt. Häuser kann man nämlich nicht übereignen. Übereignet oder belastet wird immer ein Grundstück, entweder ein bebautes oder ein unbebautes. Das hat zur Folge, dass Sie in der Klausur auch immer nur vom (bebauten) Grundstück sprechen dürfen. Vermeiden Sie daher Sätze wie „A könnte sein Haus an B übereignet haben" oder „A könnte B eine Hypothek an seinem Haus bestellt haben".

B. Die Übertragung des Eigentums vom Berechtigten (§ 873 I Var.1)

Wir wenden uns zunächst der Übertragung des Eigentums am Grundstück zu.

Bei der Grundstücksveräußerung tritt neben § 873 I Var.1 noch eine weitere Vorschrift. Da die Übertragung des Eigentums die umfassendste Art der Verfügung ist, hat der Gesetzgeber eine besondere Form in § 925 festgeschrieben. § 925 setzt fest, dass die Einigung bei gleichzeitiger Anwesenheit beider Teile vor einer zuständigen Quelle (i.d.R. Notar) geschehen muss. Das nennt man *Auflassung*. Da die Auflassung ein Rechtsgeschäft ist, das zwei Willenserklärungen, nämlich Angebot und Annahme voraussetzt, sind auch die Vorschriften über Rechtsgeschäfte (§§ 104 ff.) anwendbar. Man kann sich also auch gemäß § 164 I vor dem Notar bei der Abgabe eines Einigungsangebots oder der Annahme eines Einigungsangebots vertreten lassen.

> **Achtung:** Abzugrenzen von der Auflassung (dingliches Rechtsgeschäft) ist das zugrunde liegende Verpflichtungsgeschäft (z.B. Schenkung, Kauf). Auch das Verpflichtungsgeschäft muss vom Notar beurkundet werden (§ 311 b I). Es gilt auch hier wieder, schuldrechtliche und sachenrechtliche Ebene sauber zu trennen.

Wir wissen nun schon, dass der Eigentumsübergang auch im Grundbuch eingetragen werden muss. Das steht im Übrigen auch noch einmal in § 873 I a.E. Darüber hinaus muss die Einigung auch noch im Zeitpunkt der Eintragung bestehen. Aus dem Umkehrschluss aus § 873 II folgt, dass die Einigung grundsätzlich widerruflich ist (dies ist eine sachenrechtliche Sonderregelung zu § 145, wonach ein Antrag bindend ist). Übereilte Geschäfte sollen vermieden werden. Sobald allerdings die Erklärungen notariell beurkundet worden sind oder ein Antrag beim Grundbuchamt gestellt worden ist, ist die Einigungserklärung bindend und kann nicht mehr widerrufen werden.

Es ist gleichgültig, ob zuerst die Einigung oder zuerst die Eintragung vorliegt. Wichtig ist nur, dass sie sich inhaltlich entsprechen. Es muss also genau das eingetragen werden, worüber sich die Parteien geeinigt haben.

Schließlich muss noch überprüft werden, ob der Veräußerer Berechtigter ist. Zur Übertragung des Eigentums ist nur der Eigentümer berechtigt oder jemand, der vom Eigentümer zur Übereignung ermächtigt (§ 185) wurde.

Rechtsgeschäftlicher Grundstückserwerb vom Berechtigten

1. **Einigung gemäß § 873 I Var.1 in der Form des § 925 I 1 (Auflassung).**

2. **Eintragung, § 873 I.**

3. **Einigsein bei Eintragung, § 873 II.**

4. **Berechtigung des Veräußerers (Verfügungsbefugnis).**

Übungsfall

Sachverhalt

V will sein Anwesen für 2 Millionen Euro verkaufen. Auf eine Anzeige meldet sich telefonisch der Unternehmer U, der interessiert ist, das Grundstück zu kaufen. Die Einzelheiten und der genaue Kaufpreis sollten beim Notartermin vereinbart werden. U ist allerdings ständig unterwegs, so dass er keine Zeit hat, zum Notar zu gehen. Daher bittet er seine Sekretärin, das Geschäft für ihn abzuschließen. Die Sekretärin trifft sich mit V beim Notar. Dort unterzeichnet sie im Namen von U den Kaufvertrag und gibt auch sonst alle Erklärungen für U ab. Nachdem U als Eigentümer des Grundstücks eingetragen worden ist, wird auf dem Grundstück überraschenderweise das verschollene "Bernsteinzimmer" gefunden. V bereut das Geschäft nun und wendet ein, alles sei nichtig, da die Sekretärin keine schriftliche Vollmacht gehabt habe. Im Übrigen könne man sich vor dem Notar nicht vertreten lassen. Dies zeige schon der Wortlaut des § 925 I 1 „bei Anwesenheit beider Teile".

Ist U Eigentümer geworden?

Lösung

I. Ursprünglich war V Eigentümer des Anwesens.

II. Er könnte jedoch sein Eigentum durch Übereignung an U verloren haben.

1. Dazu müssten sich V und U gemäß § 873 I dinglich geeinigt haben. Die dingliche Einigung ist ein Rechtsgeschäft, das durch Angebot und Annahme zu Stande kommt.

a) Dieses Rechtsgeschäft könnten V und U während ihres Telefongesprächs vereinbart haben. U und V stimmten darin überein, dass die Einzelheiten des Geschäfts während des Notartermins vereinbart werden sollten. Im Zeitpunkt des Telefongesprächs hatten beide keinen Rechtsbindungswillen. Daher scheidet eine dingliche Einigung zu diesem Zeitpunkt aus. Sie wäre zudem wegen § 925 auch formnichtig gewesen, da sie nicht vor dem Notar zustande gekommen ist.

b) U und V könnten sich aber während des Notartermins dinglich über den Eigentumsübergang geeinigt haben. U war gar nicht beim Notartermin anwesend. Vielmehr hat sich seine Sekretärin mit V geeinigt. Fraglich ist, ob die Erklärung der Sekretärin Rechtswirkungen für U entfaltet. Dies ist der Fall, wenn die Sekretärin U wirksam gemäß § 164 I vertreten hat.

aa) Fraglich ist in diesem Zusammenhang, ob man sich bei der Abgabe einer Auflassungserklärung im Rahmen der §§ 873 I, 925 überhaupt vertreten lassen kann oder ob die Auflassung ein Rechtsgeschäft ist, dass man nur persönlich vornehmen kann. Wenn dies der Fall wäre, wäre die Erklärung der Sekretärin wegen Missachtung des § 925 bereits nach § 125 formnichtig.

§ 925 schreibt vor, dass die Auflassungserklärung bei Anwesenheit beider Teile erfolgen muss. Eine persönliche Anwesenheit ist allerdings nicht erforderlich. Jede Partei kann sich vielmehr vertreten lassen. Folglich ist die Auflassung im vorliegenden Fall nicht formnichtig.

bb) Um U wirksam vertreten zu haben, müsste die Sekretärin eine eigene Willenserklärung in fremdem Namen mit Vertretungsmacht abgegeben haben (§ 164 I).

Sie hat eine eigene Willenserklärung vor dem Notar abgegeben und hat auch offen gelegt, dass Sie für U handelt (Offenkundigkeitsprinzip).

Ihre Vertretungsmacht könnte auf einer Vollmacht (§ 166 II) beruhen. Indem U gegenüber seiner Sekretärin erklärt hat, sie solle den Notartermin wahrnehmen und alle erforderlichen Erklärungen abgeben, hat er gemäß § 167 I eine Vollmacht erteilt.

Problematisch könnte sein, dass U seine Sekretärin nur mündlich bevollmächtigt hat, die Erklärungen abzugeben. Die Vollmacht könnte wegen Formmangels gemäß § 125 nichtig sein. Die dingliche Einigung im Rahmen des § 873 I Var.1 ist nicht formbedürftig[9]. Im Übrigen gilt § 167 II, wonach die Vollmachtserteilung nicht der Form des abzuschließenden Rechtsgeschäfts bedarf. Selbst wenn die dingliche Einigung formbedürftig wäre, wäre die Vollmacht also formlos wirksam.

Die Sekretärin hat folglich mit Vertretungsmacht gehandelt und U wirksam gemäß § 164 I vertreten.

c) Die Wirksamkeit des Eigentumsübergangs setzt ferner gemäß § 873 I die Eintragung des U voraus. U wurde im Grundbuch eingetragen.

d) Schließlich müsste V zur Verfügung über das Eigentum am Grundstück berechtigt gewesen sein. V war als Eigentümer verfügungsbefugt.

2. Folglich liegen alle Voraussetzungen des Erwerbstatbestands der §§ 873 I, 925 vor. V hat sein Eigentum daher verloren, und U hat wirksam Eigentum erworben.

U ist Eigentümer des Anwesens.

---

[9] Achtung: § 311b I 1 ist nicht zu prüfen, da diese Vorschrift sich auf die Formbedürftigkeit des Kaufvertrages, also auf die schuldrechtliche Ebene, nicht aber auf die dingliche Einigung (sachenrechtliche Ebene) bezieht. Diese Ebenen müssen wegen des Abstraktionsprinzips strikt getrennt werden. Hier darf einem kein Missgeschick passieren, sonst besteht keine Hoffnung mehr, die Klausur zu bestehen.

C. Die Übertragung des Eigentums vom Nichtberechtigten (§§ 873 I Var.1, 892)

Bisher sind wir immer davon ausgegangen, dass derjenige, der das Eigentum überträgt, dazu auch berechtigt ist. Während diese Annahme im richtigen Leben zumeist zutreffend ist, tritt in der Klausur häufig der umgekehrte Fall auf: Der Veräußerer handelt als Nichtberechtigter.

Wir wissen, dass man unter bestimmten Umständen auch vom Nichtberechtigten wirksam Eigentum erwerben kann.

Zunächst setzt ein solcher Eigentumserwerb voraus, was wir schon beim Erwerb vom Berechtigten erörtert haben, nämlich die dingliche Einigung in der Form des § 925, eine Eintragung ins Grundbuch und Einigsein bei Eintragung.

Da der Verfügende aber nicht Eigentümer ist, treten weitere Voraussetzungen hinzu. Die Nichtberechtigung des Veräußerers kann überwunden werden. § 892 I zeigt uns wie, nämlich durch den Rechtsschein der Grundbucheintragung. Die Norm besagt, dass zugunsten des Erwerbers der Inhalt des Grundbuches als richtig gilt. Wie schon § 891 drückt § 892 I aus, dass man sich auf das Grundbuch verlassen kann. Wenn also der Veräußerer im Grundbuch als Eigentümer eingetragen ist, braucht der Erwerber keinen Gedanken daran zu verschwenden, ob sein Vertragspartner auch wirklich der Eigentümer ist. Es reicht aus, dass er im Grundbuch steht. Dabei ist noch nicht einmal erforderlich, dass der Erwerber auch tatsächlich ins Grundbuch hineinschaut. Allein die Existenz der Eintragung reicht aus, um die Nichtberechtigung des Veräußerers zu überwinden und dem Erwerber das Grundstück wirksam zu übertragen.

Es gibt allerdings zwei Ausnahmen: Wenn der Erwerber weiß, dass der Veräußerer nicht berechtigt ist, das Eigentum am Grundstück zu übertragen, darf er sich nicht auf das Grundbuch verlassen. Wer es also besser weiß, ist nicht schutzwürdig (Merksatz: „Besserwisser" sind nicht schutzwürdig).

Im Gegensatz zum Erwerb beweglicher Sachen schadet dem Erwerber nur die positive Kenntnis, nicht auch grob fahrlässige Unkenntnis[10]. Es wird also im Grundstücksrecht sogar geschützt, wer nicht wusste, dass der Veräußerer nicht Eigentümer war, obwohl er es hätte wissen müssen. Die Ursache dafür liegt wieder im Grundbuch: Eine Grundbucheintragung hat sicherere Rechtsscheinswirkung als der Besitz. Daher kann man sich auf das Grundbuch eher verlassen.

---

[10] § 932 schließt den gutgläubigen Eigentumserwerb vom Nichtberechtigten auch aus, wenn der Erwerber hätte wissen müssen, dass der Veräußerer nicht Eigentümer ist.

Für die positive Kenntnis kommt es auf den Zeitpunkt der Einreichung des Antrags auf Eintragung im Grundbuch beim Grundbuchamt an, § 892 II. Erfährt der Erwerber also etwa zwischen der Stellung des Eintragungsantrags beim Grundbuchamt und der Eintragung im Grundbuch (der Antrag wird in der Regel nicht sofort bearbeitet, sondern das dauert meistens einige Wochen), dass der Veräußerer gar keine Verfügungsbefugnis hatte, so ist dies für den Eigentumserwerb unschädlich, da der Erwerber im Zeitpunkt der Antragstellung gutgläubig war.

Es gibt noch eine zweite Ausnahme, bei der kein wirksamer Erwerb des Grundstückseigentums vom Nichtberechtigten möglich ist.

Dies ist der Fall, wenn hinsichtlich der Eintragung des Nichtberechtigten als Eigentümer im Grundbuch ein Widerspruch eingetragen ist. Herrscht zwischen zwei Parteien Streit, ob der im Grundbuch Eingetragene auch wirklich Eigentümer ist, kann die andere Partei einen sogenannten „Widerspruch" (§ 899) eintragen lassen. Dieser Widerspruch macht deutlich, dass umstritten ist, wer Eigentümer ist. Gegenüber jedem Dritten, also gegenüber jedem möglichen Erwerber, wird dadurch deutlich gemacht, dass der Eingetragene möglicherweise gar nicht der wirkliche Eigentümer ist. Wenn also ein Widerspruch im Grundbuch eingetragen ist, kann man sich auf das Grundbuch nicht mehr verlassen. Man muss dann damit rechnen, dass sich herausstellt, dass derjenige, der eingetragen ist, nicht rechtmäßiger Eigentümer ist. Der Widerspruch wird gem. § 899 II aufgrund einstweiliger Verfügung oder aufgrund der Bewilligung des Betroffenen eingetragen.

Der Widerspruch bewirkt keine Grundbuchsperre. Obwohl ein Widerspruch eingetragen ist, kann der im Grundbuch als Inhaber eines Rechts Eingetragene das Recht veräußern. Der Widerspruch hat lediglich zur Folge, dass der Erwerber das Risiko trägt, dass der Eingetragene gar nicht der rechtmäßige Eigentümer ist. Ist allerdings der Widerspruch zu Unrecht eingetragen, und handelt es sich bei den im Grundbuch Eingetragenen doch um den rechtmäßigen Rechtsinhaber, so ist der Widerspruch wirkungslos. Der Eigentumserwerb vollzieht sich ganz normal nach den Vorschriften des Erwerbs vom Berechtigten (§§ 873 I 2, 925).

Es gibt im Rahmen der Prüfung des Grundstückserwerbs vom Nichtberechtigten noch eine weitere ungeschriebene Voraussetzung, die zumeist vor der Gutgläubigkeit des Erwerbers geprüft wird. Ein wirksamer Erwerb des Grundstückseigentums kann nur erfolgen, wenn ein Rechtsgeschäft im Sinne eines Verkehrsgeschäfts vorliegt.

Genau genommen sind das zwei Voraussetzungen. Indem ein Rechtsgeschäft vorliegen muss, wird deutlich, dass § 892 nicht auf Erwerb kraft Gesetzes (etwa bei Erbfolge) anwendbar ist. Ein Verkehrsgeschäft liegt nur vor, wenn die Vertragparteien nicht wirtschaftlich identisch sind. Wenn also der Geschäftsführer und Alleingesellschafter einer Ein-Mann-GmbH zu Unrecht im Grundbuch eingetragen ist und nun als Nichtberechtigter der GmbH das Grundstück übereignen will, ist wegen wirtschaftlicher Identität der Parteien kein Verkehrsgeschäft gegeben und daher § 892 schon gar nicht anwendbar.

In der Klausur tritt dieser Fall so gut wie gar nicht auf, da dann die Prüfung ja bereits zu Ende wäre. Nachdem man im Gutachten festgestellt hat, dass ein Nichtberechtigter verfügt hat, sollte die Voraussetzung des Verkehrsgeschäfts im Gutachten kurz in einem Satz genannt und regelmäßig bejaht werden. So zeigt man, dass man das Erfordernis kennt, ohne unnötig Zeit mit Unproblematischem zu verschwenden.

Baut man alle genannten Voraussetzungen in ein Schema ein, so erkennt man, dass die ersten drei Prüfungspunkte mit denen des Schemas des Grundstückserwerbs vom Berechtigten übereinstimmen. Im Prinzip ist auch der vierte Punkt identisch, denn in beiden Fällen wird die Verfügungsbefugnis des Veräußerers überprüft. Der einzige Unterschied ist, dass beim Erwerb vom Berechtigten der Veräußerer verfügungsbefugt sein muss, während diese Befugnis gerade nicht vorliegen darf, wenn man einen Grundstückserwerb vom Nichtberechtigten prüft.

Schema: Rechtsgeschäftlicher Grundstückserwerb vom Nichtberechtigten

1. Einigung gemäß §§ 873 I Var.1, 925 I 1 (Auflassung). *Identisch mit dem Schema*

2. Eintragung, § 873 I. *bei Erwerb vom*

3. Einigsein bei Eintragung, § 873 II. *Berechtigten*

4. Keine Berechtigung des Veräußerers (keine Verfügungsbefugnis).

5. Rechtsgeschäft im Sinne eines Verkehrsgeschäfts (keine Personenidentität oder wirtschaftliche Identität zwischen Veräußerer und Erwerber).

6. Verfügender ist als Eigentümer im Grundbuch eingetragen (§ 892 I 1).

7. Gutgläubigkeit des Erwerbers (§§ 892 I 1, 891 I):

   - keine Kenntnis von der Nichtberechtigung des Veräußerers,

   - kein Widerspruch eingetragen.

Sachverhalt

Infolge einer Verwechslung im Grundbuchamt hat der aus Hamburg stammende und gerade nach Bayern gezogene Grundbuchbeamte B den listigen Grundstücksmakler G versehentlich als Eigentümer des Grundstücks eingetragen, auf dem das Schloss Neuschwanstein steht. G beschließt, dies auszunutzen. Er kontaktiert den amerikanischen Multimilliardär M, gibt sich als Bevollmächtigter der Erben des Bayernkönigs Ludwig II. aus und bietet M das Schloss zum Kauf an. Als Grund gibt er an, der Haushalt des Königreichs Bayern müsse saniert werden. M ist entzückt und schöpft keinerlei Verdacht. G bringt M zu einem befreundeten Notar in Deutschland, bei dem das Geschäft nach deutschem Recht abgeschlossen wird. M reist sofort zu „seinem" Schloss und wundert sich über die lange Warteschlange von Japanern, die vor dem Schloss zu sehen ist. Erst als man von ihm Eintritt verlangt und er sich mit den Worten „Get out of my castle" nur mitleidige Blicke einfängt, wird ihm klar, dass G ein Betrüger war. Am folgenden Tag geht allerdings der Antrag auf Eigentums-umschreibung beim Grundbuchamt ein, den der aus Hamburg stammende Grundbuch-beamte auch gedankenlos bearbeitet.

Das Land Bayern ist der Ansicht, es sei weiterhin Eigentümerin des Schlosses Neuschwanstein. M habe nicht auf die Eigentümerstellung des G vertrauen dürfen. M hätte zumindest das Grundbuch einsehen müssen, was er nicht getan hat. Ferner müsse jedem klar sein, dass das Schloss Neuschwanstein unverkäuflich sei. Diese grobe Fahrlässigkeit schließe auch einen Gutglaubenserwerb aus. M steht auf dem Standpunkt, dass Schloss sei sein Eigentum. Er sei schließlich im Grundbuch eingetragen.

Ist M Eigentümer geworden?

Lösung

I. Fraglich ist, ob M Eigentümer des Grundstücks mit dem darauf stehenden Schloss Neuschwanstein geworden ist.

1. Ursprünglich war das Land Bayern Eigentümer des mit Schloss Neuschwanstein bebauten Grundstücks. Das Land könnte allerdings sein Eigentum verloren haben.

a) Dies wäre der Fall, wenn G das Grundstück wirksam an M übereignet hätte. Die Wirksamkeit einer Übereignung richtet sich nach §§ 873 I Var.1, 925.

aa) G müsste sich mit dem Multimilliardär M dinglich über den Eigentumsübergang am Grundstück geeinigt haben. Die Einigung ist ein Rechtsgeschäft, das aus zwei übereinstimmenden Willenserklärungen besteht. Vor dem Notar sind G und M übereingekommen, dass das Eigentum an dem Grundstück, auf dem Schloss Neuschwanstein steht, auf M übergehen sollte. Folglich liegt eine dingliche Einigung in Form der Auflassung vor.

Indem sich M und G vor einem Notar geeinigt haben, wurde die Auflassung auch vor der dafür zuständigen Stelle gemäß § 925 vorgenommen.

bb) Gemäß § 873 I müsste M auch im Grundbuch eingetragen worden sein, um das Eigentum an Grundstück zu erwerben. Der Grundbuchbeamte hat M ins Grundbuch eingetragen.

cc) M und G waren sich auch im Zeitpunkt der Eintragung noch darüber einig, dass das Eigentum auf M übergehen sollte (§ 873 II).

dd) G müsste als Berechtigter verfügt haben. Er müsste also entweder Eigentümer gewesen sein oder zur Übereignung des Grundstücks vom Eigentümer ermächtigt worden sein (nach § 185). G war nicht wahrer Eigentümer des Schlosses Neuschwanstein, sondern er war lediglich im Grundbuch als solcher eingetragen. Die Eintragung im Grundbuch bedeutet noch nicht, dass der Eingetragene auch materiell berechtigt ist.

G wurde auch nicht vom Land Bayern, dem wahren Eigentümer des Schlosses Neuschwanstein, dazu ermächtigt, das Grundstück mit dem Schloss zu veräußern.

2. Zwischenergebnis: Daher handelte G als Nichtberechtigter.

3. Die Nichtberechtigung des G könnte allerdings gemäß §§ 891, 892 überwunden werden. Die Verfügung eines Nichtberechtigten über ein Grundstücksrecht ist nämlich dann wirksam, wenn der Verfügende im Grundbuch als Eigentümer eingetragen ist und der Erwerber nicht weiß, dass es sich bei dem Veräußerer nicht um den Eigentümer handelt. Darüber hinaus darf im Grundbuch auch kein Widerspruch gegen die Eintragung des Veräußerers als Eigentümer eingetragen sein.

a) G war im Grundbuch als Eigentümer des mit Schloss Neuschwanstein bebauten Grundstücks eingetragen. Die Tatsache, dass M keinen Blick ins Grundbuch geworfen hat, ist unerheblich. Es kommt lediglich auf die Eintragung an, nicht auf die Kenntnis der Eintragung.

b) Ein Widerspruch war nicht eingetragen.

c) M durfte nicht gewusst haben, dass G nicht der wahre Eigentümer war.

aa) Zunächst war dem Amerikaner völlig unbekannt, dass G nicht der Eigentümer des Grundstücks war. Bei § 892 kommt es lediglich auf die positive Kenntnis an. Ob der Amerikaner also hätte wissen müssen, dass Schloss Neuschwanstein keiner Privatperson gehört, ist für die Lösung des Falles völlig unerheblich. Eine fahrlässige Unkenntnis schließt gutgläubigen Erwerb eines Grundstücksrechts nicht aus.

bb) M könnte allerdings positive Kenntnis gehabt haben, als er nach Neuschwanstein fuhr.

Als er dort die langen Schlangen japanischer Touristen sah, erkannte er, dass sein Vertragspartner unmöglich der Eigentümer des Schlosses Neuschwanstein gewesen sein konnte.

Fraglich ist daher, zu welchem Zeitpunkt der gute Glaube des Erwerbers vorliegen muss. Zunächst war M gutgläubig, während er später wusste, dass der Veräußerer nicht Eigentümer des Grundstücks war.

Bei der Frage des Zeitpunkts der Kenntnis kommt es auf die Einreichung des Antrags beim Grundbuchamt auf Eintragung im Grundbuch an. Dies ist in § 892 II normiert. Erfährt M also zwischen der Auflassung und der Eintragung von der fehlenden Eigentümerstellung des G, so wäre dies nur unschädlich gewesen, wenn der Eintragungsantrag beim Grundbuchamt auf Eintragung im Grundbuch bereits gestellt worden wäre. Dies war vorliegend allerdings noch nicht der Fall. Der Eintragungsantrag ging erst ein, nachdem M den Schwindel aufgedeckt hatte. Er war damit nicht mehr gutgläubig im Sinne der §§ 891, 892.

cc) Ein Eigentumserwerb scheidet daher aus.

II. Ergebnis: Das Land Bayern ist weiterhin Eigentümerin des mit Schloss Neuschwanstein bebauten Grundstücks.

D. Das Anwartschaftsrecht des Auflassungsempfängers

Das Anwartschaftsrecht ist ein beliebter Klausurgegenstand. Es gibt nur eine Handvoll Konstellationen, in denen Anwartschaftsrechte entstehen können. Diese werden immer wieder abgeprüft. Hauptsächlich geht es um diese drei Fälle:

1. **Das Anwartschaftsrecht des Käufers, der eine Sache unter Eigentumsvorbehalt erwirbt.**

2. **Das Anwartschaftsrecht des Sicherungsgebers bei der Sicherungsübereignung.**

3. **Das Anwartschaftsrecht des Auflassungsempfängers im Rahmen des Erwerbs von Grundstückseigentum.**

Was ist ein Anwartschaftsrecht? Ein Anwartschaftsrecht ist eine Rechtsposition, die man erlangt, wenn von einem Rechtsgeschäft, das aus mehreren Akten besteht, einige, aber noch nicht alle erfüllt sind, aber der Veräußerer den Rechtserwerb nicht mehr einseitig zunichte machen kann. Das Anwartschaftsrecht ist also eine Zwischenstufe zum Eigentum. Es entsteht auf dem Weg dorthin. Man spricht daher auch vom „wesensgleichen Minus". Über das Anwartschaftsrecht kann man wie über Eigentum verfügen, man kann es also übertragen oder belasten.

Jetzt wird auch klar, warum der Eigentumsvorbehaltskäufer ein Anwartschaftsrecht erwirbt. Er hat einige, aber noch nicht alle Raten bezahlt, um Eigentümer zu werden. Er befindet sich kurz vor dem Erwerb des Volleigentums, hat diese Stufe aber noch nicht erreicht. Er hat ein Anwartschaftsrecht.

Das gleiche Szenario lässt sich beim Sicherungsgeber beobachten. Er hat eine Sache zur Sicherheit für einen Kredit an die Bank übereignet, den er in Raten zurückzahlt. Wenn die letzte Rate bezahlt worden ist, wird ihm seine Sicherheit (also die Sache) von der Bank zurückübereignet. Hat er bereits einige Raten bezahlt ist er auf dem besten Wege, sein Eigentum zurückzuerhalten. Er ist auf einer Vorstufe des Eigentums. Auch ihm steht ein Anwartschaftsrecht zu.

Ist der Auflassungsempfänger mit dem Sicherungsgeber und dem Eigentumsvorbehaltskäufer vergleichbar? Steht auch ihm ein Anwartschaftsrecht zu, über das er dann wie über Eigentum verfügen kann?

Dies ist umstritten. Während einige Stimmen ein Anwartschaftsrecht des Auflassungsempfängers ganz ablehnen (Minderheitsmeinung), streitet sich der Rest um die Frage, wann ein solches Anwartschaftsrecht entsteht. Am besten macht man sich das Problem an einem Beispiel klar.

Betrachten wir den Fall einer Gesellschaft, die von einem Eigentümer Grundstücke günstig erwirbt, um sie zu einem höheren Preis an Erwerber weiterzuveräußern.

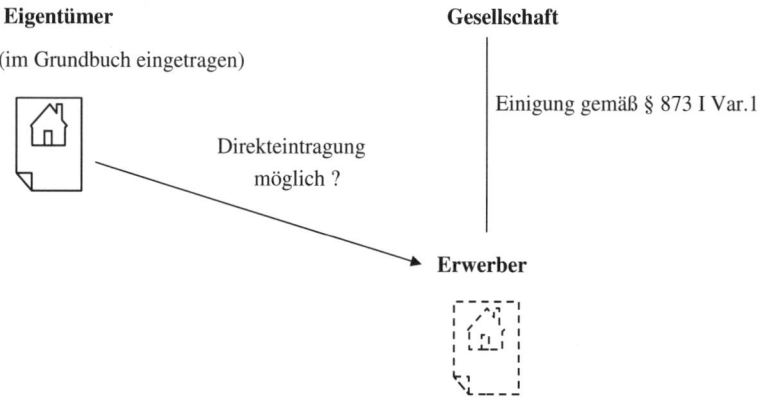

Einigung, § 873 I Var.1,
aber keine Eintragung im Grundbuch

Eigentümer   **Gesellschaft**

(im Grundbuch eingetragen)

Einigung gemäß § 873 I Var.1

Direkteintragung
möglich ?

➤ **Erwerber**

Das geplante Geschäft ist also eine Kette von Eigentumsübertragungen (diese Konstellation wird daher auch **Kettenauflassung** genannt).

Die Kette lautet: Eigentümer – Gesellschaft – Erwerber.

Ursprünglich ist der Eigentümer des Grundstücks im Grundbuch eingetragen. Gibt es eine Möglichkeit, dass die Gesellschaft nicht als Eigentümerin eingetragen wird, sondern gleich der Erwerber des Grundstücks? Das wäre für die Gesellschaft praktisch, da die das Eigentum am Grundstück nur erlangen möchte, um es weiterzuveräußern. Kann also die Eintragung der Gesellschaft quasi „übersprungen werden"? Das würde Zeit und Kosten sparen.

Ob eine Kettenauflassung ohne Eintragung der Zwischenleute als Eigentümer im Grundbuch möglich ist, ist umstritten. Es klappt nämlich nur, wenn man der Gesellschaft ein Anwartschaftsrecht zubilligt.

Die Konstruktion sieht dann so aus: Der Tatbestand des Eigentumserwerbs besteht aus mehreren Akten, nämlich einmal der Einigung und dann der Eintragung. Wenn die dingliche Einigung zwischen Veräußerer (Eigentümer) und Gesellschaft erfolgt ist, ist die Gesellschaft quasi auf dem Weg zum Eigentumserwerb. Ihr könnte man ein Anwartschaftsrecht zubilligen. Dieses Anwartschaftsrecht könnte sie dann an den Erwerber übertragen. Durch Vorlage der beiden Auflassungen weist der Erwerber nach, dass er alle Rechte der Gesellschaft aus der Auflassung des Eigentümers an diese erworben hat. Der Erwerber wird dann so behandelt, als habe der Eigentümer direkt an ihn aufgelassen. Wenn der Erwerber dann im Grundbuch eingetragen wird, erstarkt sein Anwartschaftsrecht zum Vollrecht, so dass der Erwerber das Eigentum direkt erlangt (sog. Direkterwerb).

Das Anwartschaftsrecht wird nach den Regeln übertragen, nach denen auch das Vollrecht übertragen wird. Anwartschaftsrechte an beweglichen Sachen werden folglich nach §§ 929 ff. analog übereignet, während Anwartschaftsrechte an Grundtücken nach § 873 I Var. 1, 925 analog übertragen werden. Eine Eintragung des Anwartschaftsrechts im Grundbuch ist allerdings nicht erforderlich. Ansonsten würde die erreichte Vereinfachung ja wieder zunichte gemacht. Durch die Konstruktion des Anwartschaftsrechts will man schließlich gerade die Eintragung im Grundbuch einsparen.

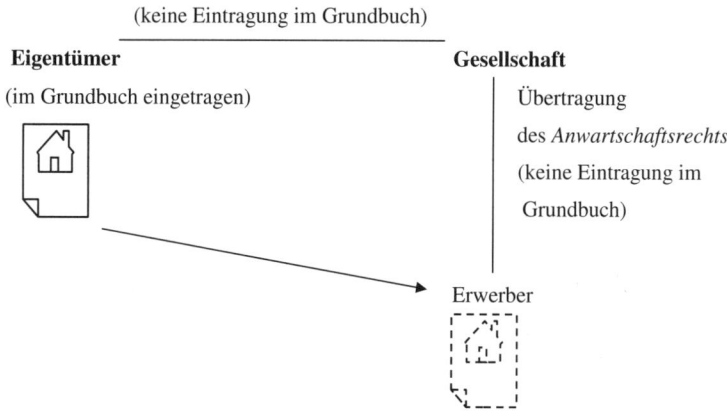

Übertragung des *Anwartschaftsrechts*

(keine Eintragung im Grundbuch)

Eigentümer

(im Grundbuch eingetragen)

Gesellschaft

Übertragung

des *Anwartschaftsrechts*

(keine Eintragung im

Grundbuch)

Erwerber

Eintragung ins Grundbuch und damit *Erstarken des Anwartschaftsrechts zum Vollrecht*

Man streitet sich jetzt nur noch darum, wann das Anwartschaftsrecht entsteht.

Manche sagen, es entstünde schon dann, wenn die Auflassung gemäß § 873 II bindend geworden ist. Wenn wir uns an die Definition des Anwartschaftsrechts erinnern, wird auch klar, warum das so ist. Ein Anwartschaftsrecht entsteht ja, wenn der Erwerber bei einem mehraktigen Rechtsgeschäft eine Position erlangt, die von seinem Vertragspartner nicht mehr einseitig zerstört werden kann. Wenn die Einigung gemäß § 873 I Var.1 bindend geworden ist, kann sie nicht mehr einseitig durch den Veräußerer zurückgenommen werden.

Die herrschende Auffassung verlangt dagegen für die Entstehung eines Anwartschaftsrechts, dass neben der bindenden Einigung gemäß § 873 I Var. 1 ein Eintragungsantrag des Erwerbers beim Grundbuchamt gestellt worden ist. Der Grund dafür ist, dass der Veräußerer auch bei bindender Einigung das Grundstück noch einmal an einen anderen veräußern könnte. Dann wird nicht etwa automatisch der erste Erwerber Eigentümer, sondern derjenige, der zuerst beim Grundbuchamt den Antrag auf Eintragung stellt, da das Grundbuchamt die Anträge in der Reihenfolge ihres Eingangsdatums bearbeitet.

Wichtiger Hinweis:

In welcher Reihenfolge die Kaufverträge abgeschlossen worden sind, ist für die Frage, wer das Eigentum zuerst erwirbt, völlig unerheblich. Eigentümer wird, wer zuerst im Grundbuch eingetragen ist. Das ist die Folge des Abstraktionsprinzips. Eine Vermischung der schuldrechtlichen Ebene (Kaufvertrag) mit der sachenrechtlichen Ebene (Eigentumserwerb) ist in der Klausur unverzeihlich und führt zumeist zum Nichtbestehen der Klausur. Hier muss man daher besonders sorgfältig arbeiten.

Erst wenn der Antrag beim Grundbuchamt gestellt ist, kann also gar nichts mehr schief gehen. Deshalb herrscht die Auffassung vor, dass erst zu diesem Zeitpunkt das Anwartschaftsrecht entsteht.

Das Anwartschaftsrecht genießt nach h.M. den Schutz, den auch das Eigentum genießt. Wie das Eigentum ist das Anwartschaftsrecht daher gegen Eingriffe von außen geschützt. Bei Zuwiderhandlungen kann sich der Anwartschaftsberechtigte nach § 1004 wehren und Unterlassung oder Beseitigung der Beeinträchtigung verlangen. In unserem Beispiel könnte die Gesellschaft als Anwartschaftsberechtigte also verhindern, dass jemand Bäume auf dem Grundstück abholzt, bevor die Gesellschaft das Grundstück an den Erwerber weiterveräußert hat. Der Anwartschaftsberechtigte kann auch Ansprüche aus § 823 I und § 823 II geltend machen.

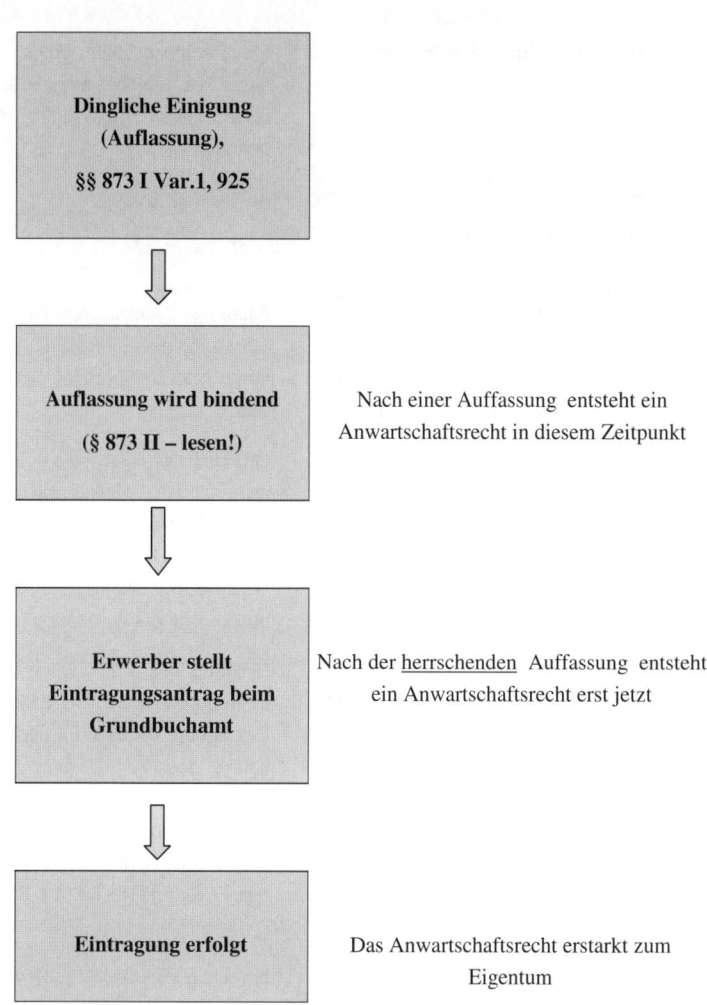

Dingliche Einigung (Auflassung),

§§ 873 I Var.1, 925

↓

Auflassung wird bindend

(§ 873 II – lesen!)

Nach einer Auffassung entsteht ein Anwartschaftsrecht in diesem Zeitpunkt

↓

Erwerber stellt Eintragungsantrag beim Grundbuchamt

Nach der <u>herrschenden</u> Auffassung entsteht ein Anwartschaftsrecht erst jetzt

↓

Eintragung erfolgt

Das Anwartschaftsrecht erstarkt zum Eigentum

1. Wie definiert man „Verfügung"?

   Ein Rechtsgeschäft, durch das ein dingliches Recht aufgehoben, belastet, übertragen oder inhaltlich geändert wird.

2. Wie nennt man das Rechtsgeschäft, durch das Grundstückseigentum übertragen wird?

   Auflassung, § 925.

3. Was setzt eine wirksame Eigentumsübertragung eines Grundstücks materiellrechtlich voraus und welche Vorschriften müssen zitiert werden?

   Einigung (Auflassung), Eintragung, Einigsein bei Eintragung, Berechtigung. Vorschriften: §§ 873 I Var.1, 925.

4. Ist die Auflassung frei widerruflich?

   Grundsätzlich ist die Auflassung widerruflich (Umkehrschluss aus § 873 II). Nach notarieller Beurkundung der Erklärungen oder nach Stellung des Antrags beim Grundbuchamt ist die Auflassung bindend.

5. Unter welchen Voraussetzungen kann man Grundstückseigentum vom Nichtberechtigten erwerben?

   Einigung (§§ 873 I Var.1, 925 I 1), Eintragung (§ 873 I), Einigsein bei Eintragung (§ 873 II), Nichtberechtigung des Veräußerers, Rechtsgeschäft im Sinne eines Verkehrsgeschäfts, Verfügender im Grundbuch eingetragen (§ 892 I 1), Gutgläubigkeit des Erwerbers (§§ 892 I 1, 891 I).

6. Wann ist ein Erwerber gutgläubig?

   Er darf keine Kenntnis von der Nichtberechtigung des Veräußerers haben, und es darf kein Widerspruch eingetragen sein (§§ 892 I 1, 891 I).

7. Was ist ein Verkehrsgeschäft?

   Ein Rechtsgeschäft, bei dem die Vertragsparteien nicht wirtschaftlich identisch sind.

8. Wenn ein Grundstück zweimal verkauft wird, wird dann der erste oder der zweite Käufer Eigentümer?	Achtung Fangfrage! Die Kaufverträge spielen bei der Frage, wer das Eigentum zuerst erwirbt, keine Rolle. Eigentümer wird vielmehr, wer zuerst im Grundbuch eingetragen ist (Abstraktionsprinzip).
9. Was ist ein Anwartschaftsrecht?	Ein Anwartschaftsrecht ist eine Rechtsposition, die man erlangt, wenn von einem Rechtsgeschäft, das aus mehreren Akten besteht, einige, aber noch nicht alle erfüllt sind, aber der Veräußerer den Rechtserwerb nicht mehr einseitig zunichte machen kann.
10. Wann entsteht das Anwartschaftsrecht des Auflassungsempfängers?	Wenn die Einigung gemäß § 873 I Var.1 bindend geworden ist und ein Eintragungsantrag des Erwerbers beim Grundbuchamt gestellt worden ist (h.M.).
11. Wie wird das Anwartschaftsrecht übertragen?	Das Anwartschaftsrecht wird nach den Regeln des Vollrechts übertragen, also bei beweglichen Sachen nach §§ 929 ff. analog, während Anwartschaftsrechte an Grundtücken nach § 873 I Var. 1, 925 analog übertragen werden. Eine Eintragung des Anwartschaftsrechts im Grundbuch ist nicht erforderlich.
12. Welche sind die drei wichtigsten Konstellationen, in denen Anwartschaftsrechte eine Rolle spielen?	Das Anwartschaftsrecht des Eigentumsvorbehaltskäufers, das Anwartschaftsrecht des Sicherungsgebers und das Anwartschaftsrecht des Auflassungsempfängers.

4. Kapitel:
Die Vormerkung

A. Was ist eine Vormerkung und wozu ist sie gut?

Die Vormerkung (§§ 883 ff.) ist ein beliebtes Klausurthema. Mit einer Vormerkungsklausur kann aber nur zurecht kommen, wer sich den Sinn und Zweck des Instituts der Vormerkung klar vor Augen geführt hat. Viele Studenten haben diesbezüglich nur eine vage Vorstellung.

Zunächst muss man sich die Frage stellen, warum es überhaupt eine Vormerkung gibt. Der Grund ist das Abstraktionsprinzip. Das lässt sich am Beispiel der Auflassungsvormerkung eindrücklich zeigen: Wegen der Trennung von schuldrechtlichem und dinglichen Geschäft wird niemand Eigentümer, indem er etwa einen Kaufvertrag unterzeichnet. Der Kaufvertrag begründet für den Verkäufer lediglich die Verpflichtung, das Eigentum zu übertragen. Zur Erfüllung dieser Verpflichtung ist ein weiteres Rechtsgeschäft (nämlich die Auflassung) sowie die Eintragung ins Grundbuch erforderlich. Wenn jetzt ein Verkäufer dasselbe Grundstück hintereinander an zwei verschiedene Interessenten verkauft, so ist zunächst keiner der beiden Eigentümer. Der erste, der es schafft, ins Grundbuch eingetragen zu werden, hat das Eigentum erworben. Der andere hat zwar auch einen Anspruch auf Verschaffung des Eigentums. Die Erfüllung des Anspruchs ist dem Verkäufer aber unmöglich geworden (§ 275). Er schuldet daher nur noch Schadensersatz.

Dieses Beispiel zeigt, dass das Abstraktionsprinzip für den Erwerber eines Grundstücks ein Risiko darstellt. Da es nach Abschluss des Kaufvertrages einige Zeit dauert, bis das Grundbuchamt den Erwerber als Eigentümer eingetragen hat, besteht in dieser Zwischenzeit die Gefahr, dass dasselbe Grundstück wirksam an einen anderen übereignet werden kann. Die Vormerkung ist ein Mittel, um dieses Risiko abzusichern. Die Vormerkung sichert den schuldrechtlichen Anspruch, also etwa den Anspruch auf Verschaffung des Eigentums aus § 433 I 1 oder aus § 516. Man kann also mit der Vormerkung garantieren, dass mögliche Übereignungen, die der Veräußerer zwischen dem Abschluss des Kaufvertrages und der Eintragung vornimmt, unwirksam sind (§ 883 II 1).

Die Vormerkung hat daher eine Sicherungsfunktion, die dinglich, also gegen alle wirkt (zur Erinnerung: nach dem Absolutheitsgrundsatz wirken dingliche Rechte gegen jedermann). Wird über das vorgemerkte Recht verfügt, ist die Verfügung zugunsten des Vormerkungsberechtigten unwirksam (§ 883 II 1).

Die Vormerkung bewirkt allerdings keine "Grundbuchsperre". Es kann weiterhin über Rechte am Grundstück verfügt werden.

Die Vormerkung wirkt auf eine ganz besondere Art und Weise. Sie entfaltet nämlich nur Wirkungen zu Gunsten desjenigen, für den sie eingetragen ist. Gegenüber allen anderen hat sie keine Bedeutung. Dies nennt man die relative Wirkung der Vormerkung.

Zusammenfassend lässt sich sagen, dass die Vormerkung eine dinglich wirkende Sicherung eines schuldrechtlichen Anspruchs auf eine dingliche Rechtsänderung ist.

B. Entstehungsvoraussetzungen einer Vormerkung

Da die Vormerkung ein Sicherungsmittel ist, muss es natürlich etwas geben, das gesichert werden soll. Das ist immer ein schuldrechtlicher Anspruch. Dieser Anspruch muss auf dingliche Rechtsänderung am Grundstück gerichtet sein (§ 883 I 1: „Anspruch auf Einräumung oder Aufhebung eines Rechts an einem Grundstück oder auf Änderung des Inhalts oder des Ranges eines solchen Rechts"). Wichtigstes Beispiel dafür ist die Vorschrift des § 433 I 1, die einen Anspruch auf Verschaffung des Eigentums am Grundstück enthält. Der Anspruch ist also auf eine dingliche Rechtsänderung, nämlich die Änderung der Eigentumsverhältnisse, gerichtet. Das Gleiche gilt für § 516. Im Rahmen der Schenkung eines Grundstücks erhält der Beschenkte einen Anspruch darauf, dass ihm der Schenker das Eigentum an einem Grundstück überträgt. Es geht also im Kern wieder um die dingliche Rechtsänderung am Grundstück, die dieser Anspruch einräumt. Solche Ansprüche können mit einer Vormerkung gesichert werden.

Die Vormerkung hängt mit dem zu sichernden Anspruch untrennbar zusammen. Das nennt man Akzessorietät (auch andere Sicherungsmittel sind zu dem gesicherten Anspruch akzessorisch, z.B. die Bürgschaft oder die Hypothek). Besteht der zu sichernde Anspruch nicht, ist die Vormerkung unwirksam. Eine Ausnahme besteht nach § 883 I 2 für künftige Ansprüche. Ein künftiger Anspruch kann allerdings nur gesichert werden, wenn ein sicherer Rechtsboden existiert, d.h. wenn der künftige Schuldner die Bindung nicht mehr willkürlich beseitigen kann (Beispiel: bindendes Grundstücksverkaufsangebot, von dem sich der Verkäufer nicht mehr einseitig lösen kann).

Der durch die Vormerkung gesicherte Anspruch kann nach § 398 abgetreten werden. Dem Anspruch folgt entsprechend § 401 die Vormerkung automatisch (das ist bei den anderen akzessorischen Sicherungsmitteln wie der Bürgschaft oder der Hypothek genauso). Die Vormerkung als solche ist nicht übertragbar, da sie nur der Sicherung des Anspruchs dient. Ohne den Anspruch wäre sie sinnlos, denn was soll sie dann sichern?

Die Vormerkung erlischt, wenn der gesicherte Anspruch untergeht oder erfüllt wird. Ansonsten kann die Vormerkung noch erlöschen, in dem der Vormerkungsberechtigte sie gemäß § 875 aufhebt. Dies hat zur Folge, dass die Vormerkung gelöscht wird, ohne dass dadurch der gesicherte Anspruch aufgehoben wird. Der Anspruch besteht dann also ungesichert fort.

Damit eine Vormerkung entstehen kann, muss der Veräußerer dem Erwerber die Eintragung einer Vormerkung bewilligen. Derjenige, der also zunächst noch Inhaber des Rechtes ist, das übertragen werden soll, muss zustimmen, dass derjenige, der demnächst das Recht erwerben soll, als Vormerkungsberechtigter ins Grundbuch eingetragen werden kann. Die Voraussetzung dieser Bewilligung ergibt sich aus § 885 I 1. Eine einstweilige Verfügung nach § 935 ZPO kann die Bewilligung ersetzen.

Darüber hinaus muss die Vormerkung auch im Grundbuch eingetragen werden. Das steht ebenfalls in § 885 I 1.

Schließlich muss derjenige, der die Eintragung einer Vormerkung bewilligt hat, dazu auch berechtigt sein. Es ist logisch, dass nicht jeder Beliebige eine Vormerkung bewilligen kann, sondern nur derjenige, der Eigentümer ist oder eine besondere Ermächtigung dazu besitzt.

Schema: Entstehungsvoraussetzungen der Vormerkung

1. Durchsetzbarer Anspruch auf dingliche Rechtsänderung am Grundstück (meistens §§ 433 I 1 oder 516 I), der gesichert werden soll, §§ 883 I 1, 886.

2. Bewilligung oder einstweilige Verfügung, § 885 I 1.

3. Eintragung, § 885 I 1.

4. Berechtigung des Bewilligenden.

C. Wirkung der Vormerkung

Wir haben nun schon gesehen, dass eine Verfügung über das vorgemerkte Recht gem. § 883 II 1 relativ unwirksam ist. Es ist wichtig, sich klarzumachen, wie so etwas in einem Klausurfall eine Rolle spielen kann.

Beispiel:

E ist Eigentümer eines Grundstücks, das er an K verkauft. Da die Auflassung später erfolgen soll, verlangt K die Eintragung einer Vormerkung. Diese wird nach Bewilligung durch E auch ins Grundbuch eingetragen. Plötzlich kommt der gierige E auf die Idee, das Grundstück ein weiteres Mal zu einem höheren Preis an den unwissenden X zu verkaufen und aufzulassen. X stellt sofort Eintragungsantrag und wird auch eingetragen. Danach begibt sich K zu E und verlangt die Auflassung.

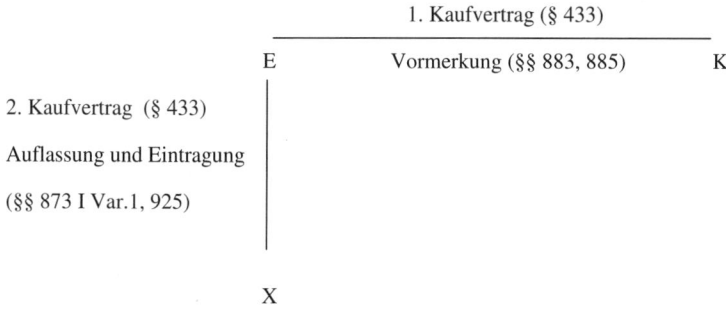

Hätte K keine Vormerkung erworben, könnte sich E auf den Standpunkt stellen, der Primäranspruch auf Übereignung des Grundstücks aus § 433 I 1 sei gemäß § 275 I Var. 1 infolge von subjektiver Unmöglichkeit (Unvermögen) untergegangen. Er könnte nicht mehr erfüllen, da nicht mehr er, sondern X Eigentümer wäre.

Etwas anderes ergibt sich allerdings, wenn eine Vormerkung eingetragen ist. Die Verfügung ist dann gegenüber dem aus der Vormerkung Berechtigten, hier K, unwirksam (allen anderen gegenüber ist sie wirksam; **relative Unwirksamkeit** der Verfügung). Die Folge ist, dass K (und nur er) so behandelt werden muss, als sei der ursprüngliche Eigentümer (E) weiterhin Eigentümer. Für K spielt also keine Rolle, dass mittlerweile X im Grundbuch als Eigentümer eingetragen ist. Für K ist E immer noch

Eigentümer. Das bedeutet aber, dass der ursprüngliche Eigentümer E gegenüber dem Vormerkungsberechtigten (K) noch wirksam über das Eigentum verfügen und seinen schuldrechtlichen Anspruch (hier aus § 433 I 1) erfüllen kann. Der ursprüngliche Eigentümer wird daher gegenüber dem Vormerkungsberechtigten nicht wegen Unvermögens (§ 275 I Var. 1) von der Leistungspflicht zur Übereignung des Grundstücks frei.

In unserem Beispiel ist allerdings X immer noch im Grundbuch eingetragen. Es muss also einen Weg geben, wie K erreichen kann, dass X aus dem Grundbuch gelöscht und er selbst als Eigentümer eingetragen wird. Das Gesetz hat diese Notwendigkeit gesehen und stellt K einen Anspruch gegen X aus § 888 I zur Seite. K kann verlangen, dass X im Grundbuch gelöscht wird.

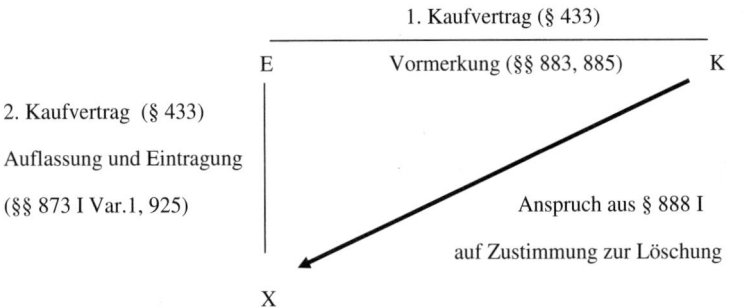

1. Kaufvertrag (§ 433)

E   Vormerkung (§§ 883, 885)   K

2. Kaufvertrag (§ 433)

Auflassung und Eintragung

(§§ 873 I Var.1, 925)   Anspruch aus § 888 I

auf Zustimmung zur Löschung

X

Was passiert nun, wenn E gegenüber K Einreden hatte, also etwa E die Auflassung verweigern durfte, bis K den Kaufpreis für das Grundstück gezahlt hat? Dem Erwerber X, der aufgrund vormerkungswidriger Verfügung das Eigentum erworben hat, stehen gegenüber dem Vormerkungsberechtigten K gem. §§ 768, 1137, 1211 analog alle Einreden zu, die der Schuldner des zu sichernden Anspruchs (E) seinem Gläubiger (K) entgegenhalten könnte. Das ist auch gerecht, denn die Stellung des K darf natürlich nicht besser aussehen, als wenn E nicht vormerkungswidrig verfügt hätte.

In einem Klausurfall ist es häufig so, dass dem Käufer eines Grundstücks im Grundstückskaufvertrag ein schuldrechtlicher Anspruch auf Eintragung einer Vormerkung eingeräumt wird. Dieses Geschäft nennt man auch Sicherungsabrede. Der Anspruch auf Einräumung der Vormerkung darf nicht mit dem Anspruch verwechselt werden, der gesichert werden soll (in diesem Fall der Anspruch aus § 433 I 1 auf

Übereignung des Grundstücks). Die Sicherungsabrede darf auch nicht mit der dinglichen Einigung verwechselt werden. Ist die Sicherungsabrede unwirksam, kann dennoch die Vormerkung wirksam zustande gekommen sein. Der, der sie bestellt hat, hat jedoch einen Anspruch auf Aufhebung der Vormerkung aus § 812 I 1 Alt.1, da sie rechtsgrundlos (Sicherungsabrede nichtig) erlangt wurde.

Es ist daher wichtig, alle Rechtsgeschäfte zu trennen und unterschiedlichen Ebenen zuzuweisen. Sie sind voneinander unabhängig. Im Rahmen eines Grundstückserwerbs mit Sicherungsabrede und Vormerkung sind folgende Rechtsgeschäfte zu unterscheiden:

1. Das Rechtsgeschäft auf dem der schuldrechtliche Anspruch auf dingliche Rechtsänderung beruht (z.B. Kaufvertrag oder Schenkung). Dies ist ein schuldrechtliches Geschäft.

2. Die Sicherungsabrede, aufgrund derer sich der Schuldner des zu sichernden Anspruchs (Verkäufer, Schenker) verpflichtet, eine Vormerkung zu bestellen. Dies ist ein schuldrechtliches Geschäft.

3. Die materielle einseitige Bewilligung der Vormerkung durch den Berechtigten (Betroffenen), § 883 I 1.

4. Die Eintragungsbewilligung der Vormerkung nach Grundbuchordnung, § 19 GBO (die Grundbuchordnung spielt in den meisten Klausuren keine Rolle[11])

5. Die Auflassung des Grundstücks, § 873 I 1, 925. Dies ist ein dingliches Rechtsgeschäft, da es auf die Änderung der dinglichen Zuordnung des Eigentums zielt.

6. Die Eintragungsbewilligung der Eigentumsumschreibung nach Grundbuchordnung, § 19 GBO (die Grundbuchordnung spielt in den meisten Klausuren keine Rolle).

---

[11] Ein Kurzüberblick über das formelle Grundbuchrecht der GBO findet sich im 7. Kapitel.

Übungsfall

Sachverhalt

V hat ein Spargelfeld geerbt, das er an den Bauern B veräußern möchte. Er verkauft das Grundstück notariell an B. B ist knapp bei Kasse und will den Kaufpreis in einigen Wochen bezahlen. V ist damit einverstanden, will aber noch keine Auflassung vereinbaren. Dies soll nach Zahlung durch B geschehen. Stattdessen bewilligt er B eine Auflassungsvormerkung, die auch eingetragen wurde. Einige Tage später bekommt V Besuch von Investor I. I bietet V für das Spargelfeld das Zehnfache des Betrages, den V mit B vereinbart hatte. I will auf dem Gelände ein Freizeitbad für 1500 Badegäste eröffnen. V wird schwach und veräußert das Grundstück notariell an I, wobei er das Grundstück auch an I auflässt. I wird im Grundbuch eingetragen. Als B von der Sache erfährt, verlangt er von V, ihm das Grundstück zu verschaffen. Geld interessiere ihn nicht, sondern nur das Grundstück. V verteidigt sich damit, er sei nicht mehr Eigentümer. Daher könne er B auch kein Eigentum verschaffen. Man könne allenfalls über Schadensersatzzahlungen nachdenken. Von I verlangt B, dass I zustimmt, im Grundbuch als Eigentümer gelöscht zu werden.

Hat B Ansprüche gegen V und I?

Lösung

I. Anspruch des B gegen V aus § 433 I 1

B könnte gegen V einen Anspruch auf Übereignung des Spargelfeldes nach § 433 I 1 BGB haben.

1. V und B haben den dazu erforderlichen Kaufvertrag geschlossen. Grundsätzlich hat B daher einen Anspruch auf Übereignung des Grundstücks aus § 433 I 1.

2. V könnte von dieser Verpflichtung zur Verschaffung des Eigentums allerdings gemäß § 275 I Var.1 frei geworden sein. Dazu müsste es ihm unmöglich sein, das Eigentum am Grundstück an B zu übereignen.

a) Dies wäre prinzipiell der Fall, wenn V nicht mehr Eigentümer des Spargelfeldes wäre. Ursprünglich war V Eigentümer. Er könnte sein Eigentum allerdings durch Übereignung gemäß §§ 873 I 1, 925 I 1 an I verloren haben.

aa) V und B haben sich dinglich über den Eigentumsübergang geeinigt. Diese Auflassung geschah auch vor einem Notar, einer zuständigen Stelle. I wurde gemäß

36

§ 873 I im Grundbuch eingetragen, und die Einigung zwischen V und I bestand auch zum Zeitpunkt der Eintragung. Im Übrigen müsste V Berechtigter gewesen sein.

bb) V darf das Eigentum also nicht zuvor an B verloren haben. V und B haben zwar das Verpflichtungsgeschäft in Form des Kaufvertrages abgeschlossen. Sie haben aber noch keine Auflassung vereinbart und damit nicht das Verfügungsgeschäft vorgenommen. Eine wirksame Übereignung gemäß §§ 873 I 1, 925 I 1 durch V an B hat nicht stattgefunden. V ist daher Eigentümer geblieben.

Im Zeitpunkt der Veräußerung an I war er folglich Berechtigter. Grundsätzlich hat er dadurch das Eigentum an I verloren.

b) Diese Übereignung könnte allerdings gegenüber B gemäß § 883 II 1 relativ unwirksam sein. Die relative Unwirksamkeit tritt ein, wenn eine vormerkungswidrige Verfügung vorgenommen worden ist.

aa) V müsste also zunächst eine Verfügung getroffen haben. Eine Verfügung ist ein Rechtsgeschäft, durch das ein dingliches Recht aufgehoben, belastet, übertragen oder inhaltlich geändert wird. V hat hier das Eigentum am Grundstück an I übertragen. Diese rechtsgeschäftliche Übertragung eines dinglichen Rechts ist eine Verfügung.

bb) Diese Verfügung müsste vormerkungswidrig gewesen sein, also das Recht eines Vormerkungsberechtigten gemäß § 883 II 1 vereitelt haben.

cc) Damit die Verfügung vormerkungswidrig ist, müsste B zunächst Inhaber einer Vormerkung sein.

aaa) Es muss dazu ein durchsetzbarer Anspruch auf dingliche Rechtsänderung bestehen, der durch die Vormerkung gesichert werden soll (§§ 883 I 1, 886). Dieser Anspruch ist vorliegend der Anspruch des B gegen V auf Übereignung des Spargelfeldes nach § 433 I 1.

bbb) Darüber hinaus muss die Bewilligung durch den Eigentümer gemäß § 885 I 1 bestehen. V hat B die Eintragung einer Vormerkung bewilligt.

ccc) Die Vormerkung muss auch gemäß § 885 I 1 eingetragen sein. Dies ist vorliegend geschehen.

ddd) Der bewilligende V war als Eigentümer des Grundstücks auch zur Bewilligung einer Vormerkung berechtigt.

B hat daher wirksam eine Vormerkung erworben.

dd) Durch die Verfügung des V an I wurde I Eigentümer des Grundstücks. Der Anspruch des B gegen V auf Übereignung aus § 433 I 1 würde dadurch vereitelt. Also handelt es sich bei der Verfügung des V um eine gemäß § 883 II 1 vormerkungswidrige Verfügung.

Diese vormerkungswidrige Verfügung hat zur Folge, dass die Verfügung gemäß § 883 II gegenüber B relativ unwirksam ist. Gegenüber B ist daher nicht I, sondern immer noch V als der wahre Eigentümer anzusehen.

Angesichts dieser Tatsache kann sich V daher auch nicht auf Unmöglichkeit der Leistung gemäß § 275 I berufen. Er gilt gegenüber B immer noch als zur Übertragung des Eigentums berechtigt.

B hat daher gegen V einen Anspruch auf Übereignung des Grundstücks aus § 433 I 1.

II. Anspruch des B gegen I aus § 894

B könnte gegen I einen Anspruch auf Löschung der Eintragung als Eigentümer aus § 894 haben.

Dazu müsste das Grundbuch unrichtig sein. Eine vormerkungswidrige Verfügung ist zwar gegenüber dem Vormerkungsberechtigten relativ unwirksam. Sie führt aber nicht zu einem unrichtigen Grundbuch. I steht also zunächst zu Recht im Grundbuch. Wegen der relativen Unwirksamkeit der Verfügung gegenüber B kann V den Anspruch des B aus § 433 I 1 noch erfüllen.

B hat keinen Anspruch gegen I auf Grundbuchberichtigung aus § 894.

III. Anspruch des B gegen I aus § 888 I

B könnte gegen I einen Anspruch auf Löschung der Eintragung als Eigentümer aus § 888 I haben.

1. Dazu müsste der Erwerb des Eigentums durch I gegenüber demjenigen, zu dessen Gunsten eine Vormerkung besteht, unwirksam sein. I müsste also aufgrund vormerkungswidriger Verfügung seine Grundbuchposition erlangt haben.

a) I ist im Grundbuch als Eigentümer eingetragen. Er hat diese Grundbuchposition durch eine Übereignung von V erlangt. Diese Übereignung hat jedoch den gesicherten Anspruch des vormerkungsberechtigten B vereitelt. Sie war folglich nach § 883 II 1 relativ unwirksam.

b) Daher hat I seinen Buchbesitz aufgrund einer vormerkungswidrigen Verfügung erlangt.

2. Er ist verpflichtet, in die Löschung seiner Eigentümerstellung im Grundbuch einzuwilligen.

Folglich hat B gegen I einen Anspruch auf Löschung der Eintragung als Eigentümer aus § 888 I.

Wiederholungsfragen

1. Was ist der Sinn der Vormerkung?	Die Vormerkung ist ein Sicherungsmittel. Sie schützt den Berechtigten vor Zwischenverfügungen, die ansonsten wegen des Abstraktionsprinzips wirksam wären.
2. Was ist die Rechtsnatur der Vormerkung?	Die Vormerkung ist eine dingliche Sicherung eines schuldrechtlichen Anspruchs auf dingliche Rechtsänderung.
3. Welches sind die beiden Ansprüche, die am häufigsten durch eine Auflassungsvormerkung gesichert werden?	Die Ansprüche auf Auflassung nach §§ 433 I 1 und 516 .
4. Bewirkt die Vormerkung eine Grundbuchsperre?	Nein, es kann weiterhin über das Grundstück verfügt werden. Die Verfügungen, die das durch die Vormerkung gesicherte Recht beeinträchtigen würden, sind allerdings unwirksam.
5. Was heißt „relative Unwirksamkeit"?	Die Vormerkung entfaltet nur Wirkungen zu Gunsten desjenigen, für den sie eingetragen ist. Die Verfügung, durch die sein durch die Vormerkung gesichertes Recht beeinträchtigt wird, ist nur ihm gegenüber unwirksam, allen anderen gegenüber aber wirksam.

6. Wie wird eine Vormerkung übertragen?

Da die Vormerkung mit dem zu sichernden Anspruch untrennbar zusammen hängt (Akzessorietät), geht die Vormerkung als Sicherungsmittel automatisch mit Abtretung des gesicherten Anspruchs nach § 401 über. Die Vormerkung kann also nur gemeinsam mit dem gesicherten Anspruch übertragen werden.

7. Was sind die Voraussetzungen für die Entstehung einer Vormerkung?

1. Durchsetzbarer Anspruch auf dingliche Rechtsänderung, §§ 883 I 1, 886.
2. Bewilligung des Eigentümers oder einstweilige Verfügung, § 885 I 1.
3. Eintragung im Grundbuch § 885 I 1.
4. Berechtigung des Bewilligenden.

8. Welchen Anspruch hat der Vormerkungsberechtigte, wenn eine vormerkungswidrige Verfügung erfolgt ist?

Er kann gegen denjenigen, der vormerkungswidrig im Grundbuch steht, einen Anspruch aus § 888 I auf Zustimmung zur Löschung geltend machen.

9. Was ist der Unterschied zwischen einer Vormerkung und einer Sicherungsabrede?

Die Sicherungsabrede ist ein schuldrechtlicher Vertrag, in dem sich der Eigentümer verpflichtet, dem Erwerber eine Vormerkung einzuräumen. Sicherungsabrede und Vormerkung sind streng voneinander zu trennen.

10. Welche Rechtsgeschäfte sind im Rahmen eines Grundstückserwerbs mit Sicherungsabrede und Vormerkung zu unterscheiden?

1. Das Rechtsgeschäft, auf dem der schuldrechtliche Anspruch beruht.
2. Die Sicherungsabrede.
3. Die Bewilligung, § 883 I 1.
4. Die Eintragungsbewilligung der Vormerkung, § 19 GBO.
5. Die Auflassung des Grundstücks, § 873 I 1, 925.
6. Die Eintragungsbewilligung der Eigentumsumschreibung, § 19 GBO.

D. Gutgläubiger Erwerb einer Vormerkung

Wenn man über den gutgläubigen Erwerb einer Vormerkung spricht, muss man zwei Konstellationen unterscheiden. Diese Unterscheidung taucht später auch im Recht der Grundschuld und der Hypothek wieder auf.

Es gibt den gutgläubigen **Ersterwerb** und den gutgläubigen **Zweiterwerb**. Die Begriffe deuten schon auf den Unterschied hin. Der Ersterwerb ist der Erwerb aufgrund einer Bestellung einer Vormerkung und ihrer Eintragung im Grundbuch. Derjenige, der einem die Vormerkung bewilligt hat, ist jedoch nicht der Berechtigte. Deshalb kommt nur ein gutgläubiger Erwerb in Frage.

Beim gutgläubigen Zweiterwerb ist dagegen eine Vormerkung bereits im Grundbuch eingetragen. Diese Vormerkung soll nun auf einen Dritten übergehen, obwohl sie zwar eingetragen ist, aber in Wirklichkeit materiellrechtlich gar nicht besteht.

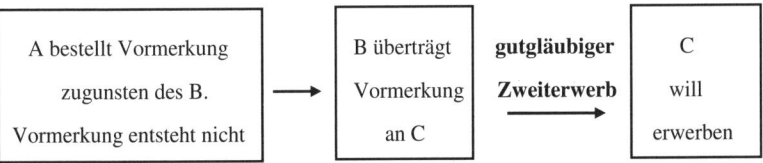

Der gutgläubige Ersterwerb ist möglich. Darüber ist man sich einig. Beim Zweiterwerb muss man allerdings etwas genauer hinschauen. Man muss sich überlegen, warum die Vormerkung, die ursprünglich bestellt werden sollte, in Wirklichkeit nicht entstanden ist. Das kann zwei Gründe haben. Wir haben schon gesehen, dass eine Vormerkung nicht entstehen kann, wenn es keinen Anspruch gibt, den sie sichern kann. Das ist der eine Fall.

Es kann aber auch sein, dass zwar ein zu sichernder Anspruch besteht, aber bei der Bestellung der Vormerkung etwas schief gegangen ist, z.B. die Bewilligung unwirksam war. Dann wurde eine Vormerkung eingetragen, die materiellrechtlich gar nicht wirksam bestellt wurde. Beispiele für eine solche unwirksame Bestellung sind die Bestellung einer Vormerkung durch einen Geisteskranken (Bewilligung nach §§ 105 I, 104 Nr. 2 nichtig) oder die Bestellung durch einen Minderjährigen ohne Zustimmung seiner Eltern (nach § 111 nichtig[12]).

Wenn es –wie im ersten Fall- gar keinen Anspruch gibt, der gesichert werden soll, kann kein gutgläubiger Erwerb einer Vormerkung eintreten. Das ist auch sinnvoll, wenn man sich überlegt, dass der Erwerber einer solchen Vormerkung von dem gutgläubigen Erwerb gar keinen Vorteil hätte. Was sollte man mit einer Vormerkung (Sicherungsmittel!) anfangen, die gar nichts sichern würde?

Dagegen hat es im zweiten Fall Sinn, den Erwerb einer Vormerkung zuzulassen. Es besteht ja ein Anspruch, der gesichert werden kann. Durch den gutgläubigen Erwerb wird also nur der Mangel bei der Bestellung der Vormerkung überwunden.

Bevor wir uns im einzelnen mit den Voraussetzungen des gutgläubigen Ersterwerbs und Zweiterwerbs einer Vormerkung auseinandersetzen, ist es sinnvoll, sich die Konstellationen, die in einer Klausur auftauchen können, noch einmal graphisch zu verdeutlichen. Es gibt nur vier Fälle, nämlich den Normalfall, den Fall des gutgläubigen Ersterwerbs und die beiden bereits geschilderten Unterfälle des gutgläubigen Zweiterwerbs.

---

[12] Achtung: § 111 und nicht etwa § 108 ist einschlägig, da die Bewilligung kein „Vertrag" ist, sondern eine einseitige Willenserklärung.

Normalfall	Gutgläubiger Ersterwerb	Gutgläubiger Zweiterwerb	
Zu sichernder Anspruch besteht	Zu sichernder Anspruch besteht	Zu sichernder Anspruch besteht nicht	Zu sichernder Anspruch besteht
Bestellung der Vormerkung wirksam	Nichtberechtigter bestellt die Vormerkung	Vormerkung kann nicht entstehen, da kein Anspruch besteht	Bestellung der Vormerkung unwirksam
		Vormerkung soll übertragen werden	Vormerkung soll übertragen werden
Normaler Erwerb	Gutgläubiger Erwerb *möglich*	Gutgläubiger Erwerb *unmöglich*	Gutgläubiger Erwerb *möglich (str.)*

Diese Fälle muss man in der Klausur unterscheiden können, um zu beurteilen, ob ein gutgläubiger Erwerb überhaupt grundsätzlich in Frage kommt. Erst dann hat es Sinn, die Voraussetzungen eines gutgläubigen Erwerbs zu prüfen.

1. Der gutgläubige Ersterwerb

Beim gutgläubigen Ersterwerb läuft zunächst alles genau so wie beim Erwerb vom Berechtigten: Es muss einen Anspruch geben, der gesichert werden soll. Dieser Anspruch muss – wie beim Erwerb vom Berechtigten auch – auf dingliche Rechtsänderung gerichtet sein, also etwa ein Anspruch auf Verschaffung des Eigentums aus § 433 I 1 oder aus § 516. Dann muss die Vormerkung gemäß § 885 I 1 bewilligt werden. Die Vormerkung muss auch im Grundbuch eingetragen werden, § 885 I 1.

Im Gegensatz zum Erwerb vom Berechtigten hat allerdings beim gutgläubigen Ersterwerb der Nichtberechtigte die Vormerkung bewilligt. Der Bewilligende ist also nicht der wirkliche Eigentümer und auch nicht vom tatsächlichen Eigentümer nach § 185 ermächtigt, eine Vormerkung zu bewilligen. Er ist aber im Grundbuch als Eigentümer eingetragen. Der Erwerber wird daher wegen der Vermutungs- und Gutglaubensfunktion des Grundbuchs rechtmäßiger Inhaber der Vormerkung, wenn er gutgläubig ist.

Wir haben schon gesehen, dass im Grundstücksrecht der Maßstab der Gutgläubigkeit ein anderer ist als im Recht der beweglichen Sachen. Im Recht der beweglichen Sachen scheidet ein gutgläubiger Erwerb bereits aus, wenn der Erwerber die wahre Eigentumslage hätte kennen müssen, also fahrlässig war (vgl. § 932 II). Im Grundstücksrecht können nur definitive Kenntnis des Erwerbers von der wahren Eigentumslage oder ein im Grundbuch eingetragener Widerspruch den gutgläubigen Erwerb verhindern (§ 892 I 1).

Dass ein gutgläubiger Ersterwerb einer Vormerkung möglich ist, ist allgemein anerkannt. Umstritten ist lediglich, nach welcher Vorschrift sich der gutgläubige Ersterwerb einer Vormerkung vollzieht. § 892 I 1 kann man nicht anwenden, da die Vormerkung kein beschränktes dingliches Recht am Grundstück ist, sondern nur ein dingliches Sicherungsmittel (dingliche Sicherung eines schuldrechtlichen Anspruchs auf dingliche Rechtsänderung). In der Einräumung der Vormerkung liegt allerdings eine Verfügung über das Eigentum. Dies spricht dafür, § 893 Var. 2 als Vorschrift für den gutgläubigen Ersterwerb einer Vormerkung zugrunde zu legen. Es gibt eine Auffassung, die sich dafür ausspricht, § 893 Var. 2 analog anzuwenden. Das ist aber gar nicht nötig, da keine Regelungslücke besteht.

Was den Zeitpunkt angeht, in dem der Erwerber eines Grundstücks gutgläubig sein muss, so gilt grundsätzlich die Regel, dass die Gutgläubigkeit noch im Zeitpunkt der Stellung des Eintragungsantrags beim Grundbuchamt vorliegen muss (§ 892 II). Eine spätere Kenntnis oder ein späterer Widerspruch schaden dann nicht mehr.

Bei einem durch Vormerkung gesicherten Recht besteht insoweit eine Besonderheit. War der Erwerber bei der Eintragung der Vormerkung noch gutgläubig, erfährt aber vor der Eintragung des Eigentums, dass der Veräußerer gar nicht zur Übereignung berechtigt war, so ist nicht auf den Zeitpunkt der Eintragung der Eigentumsänderung im Grundbuch, sondern auf den Zeitpunkt der Eintragung der Vormerkung abzustellen. Mit anderen Worten: Wer bei Eintragung der Vormerkung gutgläubig ist, dem schaden spätere Kenntnis oder späterer Widerspruch nicht.

Der Vormerkungsberechtigte hat gegen den Nichtberechtigten einen Anspruch auf Auflassung des Grundstücks. Dieser Anspruch ist durch die Vormerkung gesichert. Vom Nichtberechtigten kann der Vormerkungsinhaber das Eigentum dann gutgläubig erwerben. Es kann aber passieren, dass der wahre Eigentümer in der Zwischenzeit entdeckt hat, dass der Nichtberechtigte irrtümlicherweise im Grundbuch eingetragen ist und gegen den Nichtberechtigten einen Grundbuchberichtigungsanspruch durchsetzt (§ 894). Was kann dann der Vormerkungsberechtigte unternehmen, der die Vormerkung ja gutgläubig erworben hat, aber das Eigentum vom Nichtberechtigten nicht mehr gutgläubig erwerben kann, weil der Nichtberechtigte infolge der Grundbuchberichtigung nicht mehr als Eigentümer eingetragen ist? Der Vormerkungsberechtigte kann sich nicht mehr auf den öffentlichen Glauben des Grundbuchs (§ 891) berufen.

Die Lösung dieses Problems ist, dass der Nichtberechtigte die Auflassung wirksam vornehmen kann, obwohl er nicht im Grundbuch steht. Gem. § 883 II 1 analog ist die Berichtigung des Grundbuches dem Vormerkungsberechtigten gegenüber relativ unwirksam. Allerdings benötigt der Vormerkungsberechtigte die formellrechtliche Zustimmung des nun eingetragenen wahren Eigentümers (§ 888 I analog).

Gutgläubiger Ersterwerb der Vormerkung vom im Grundbuch eingetragenen Nichteigentümer

1. **Durchsetzbarer Anspruch auf dingliche Rechtsänderung** (meistens §§ 433 I 1 oder 516 I), der gesichert werden soll, §§ 883 I 1, 886.

2. **Bewilligung,** § 885 I 1 (gutgläubiger Erwerb bei einstweiliger Verfügung unmöglich!).

3. **Eintragung,** § 885 I 1.

4. **Nichtberechtigung des Bewilligenden** (der Bewilligende ist nicht der Eigentümer des Grundstücks und auch nicht zur Bestellung einer Vormerkung ermächtigt).

5. **Voreintragung des Bewilligenden im Grundbuch als Eigentümer.**

6. **Guter Glaube an das Eigentum des Bewilligenden, nach h.M.** § 893 I Var. 2.

   - keine Kenntnis von der Nichtberechtigung des Bewilligenden

   - kein Widerspruch eingetragen, § 899.

Übungsfall

Sachverhalt

V hat ein Grundstück am Starnberger See geerbt, das er schnellstmöglich zu Geld machen möchte. Er findet den begeisterten K als Käufer. Das Grundstück wird vor dem Notar verkauft. Die Auflassung und Eintragung sollen erst erfolgen, wenn K den Kaufpreis entrichtet hat. Zur Sicherung bewilligt V dem K eine Auflassungsvormerkung, die auch im Grundbuch eingetragen wird. Als K seinem Freund F von dem Kauf erzählt, ist F neidisch. Er gönnt K das Grundstück nicht. Deshalb bietet er ihm das Doppelte des Preises, den K dem V schuldet. K kann dieser Versuchung nicht widerstehen und tritt F alle Ansprüche gegen V ab. F zahlt den Kaufpreis an V, und dieser lässt das Grundstück auf. Noch bevor F den Antrag auf Eintragung beim Grundbuchamt stellen konnte, kommt unvorhergesehen heraus, dass nicht V, sondern E wirklicher Erbe des Grundstücks ist. F stellt in Windeseile den Eintragungsantrag und wird auch eingetragen.

Was kann E verlangen?

Lösung

Anspruch aus § 894

E könnte gegen F einen Anspruch auf Grundbuchberichtigung gemäß § 894 haben.

1. Dazu dürfte die wirkliche Rechtslage mit der Eintragung im Grundbuch nicht übereinstimmen. Der im Grundbuch eingetragene F dürfte also nicht Eigentümer des Grundstücks sein.

2. Ursprünglich war E Eigentümer des Seegrundstücks, indem das Eigentum im Wege der Gesamtrechtsnachfolge (§ 1922) auf ihn überging.

3. E könnte sein Eigentum allerdings durch Übereignung des V an K gemäß §§ 873 I 1, 925 I 1 verloren haben. V und K haben sich nicht dinglich über den Eigentumsübergang geeinigt. Eine Auflassung ist noch nicht erfolgt. E hat folglich sein Eigentum nicht verloren.

4. Ein Verlust des Eigentums kommt allerdings durch Übereignung des V an F gemäß §§ 873 I 1, 925 I 1 in Frage.

a) V und F müssten sich dinglich gemäß § 873 I 1 über den Eigentumsübergang geeinigt haben. Dies ist dadurch geschehen, dass sie die Auflassung vereinbart haben. Die Auflassung geschah auch vor einem Notar, einer nach § 925 zuständigen Stelle.

b) F müsste nach § 873 I ins Grundbuch eingetragen worden sein. F wurde ins Grundbuch eingetragen.

c) F und V waren sich auch im Zeitpunkt der Eintragung des F über den Eigentumsübergang einig.

d) Schließlich müsste V Berechtigter gewesen sein. Es müsste sich bei ihm also um den Eigentümer oder um eine von Eigentümer nach § 185 zur Übereignung ermächtigte Person handeln. V war nie Eigentümer des Seegrundgrundstücks. E hat das Grundstück geerbt, nicht V.

V war also Nichtberechtigter. Vom Berechtigten konnte F daher kein Eigentum erwerben.

e) Die Nichtberechtigung des V könnte allerdings gemäß §§ 891, 892 überwunden worden sein. Auch wenn ein Nichtberechtigter verfügt, kann diese Verfügung wirksam sein. Voraussetzung ist, dass der Verfügende im Grundbuch als Eigentümer eingetragen ist und der Erwerber nicht weiß, dass es sich bei dem Veräußerer nicht um den

Eigentümer handelt. Darüber hinaus darf im Grundbuch auch kein Widerspruch (§ 899) gegen die Eintragung des Veräußerers als Eigentümer eingetragen sein.

aa) V war im Grundbuch als Eigentümer des Seegrundstücks eingetragen.

bb) Ein Widerspruch war nicht eingetragen.

cc) F durfte nicht gewusst haben, dass nicht V, sondern E der wahre Eigentümer war. Fraglich ist, auf welchen Zeitpunkt für das Vorliegen der Kenntnis abzustellen ist. Grundsätzlich schadet die Kenntnis nur bis zum Stellen des Antrags auf Eintragung beim Grundbuchamt (§ 892 II). Hier erfuhr F von der fehlenden Eigentümerstellung des V noch bevor er den Antrag beim Grundbuchamt stellte. Er war also grundsätzlich wegen seines Wissens nicht nach § 892 II gutgläubig.

dd) Etwas anderes würde gelten, wenn man nicht auf den Zeitpunkt des Stellens des Antrags auf Eigentumseintragung, sondern auf den Zeitpunkt der Eintragung der Vormerkung abstellen würde. Die Auflassungsvormerkung hat den Sinn, dass dem Käufer die Position eingeräumt wird, die er bei sofortiger Übertragung des Eigentums innegehabt hätte. Wenn F das Eigentum sofort übertragen worden wäre und er als Eigentümer eingetragen worden wäre, hätte ihm die spätere Kenntnis der Rechtslage nicht mehr geschadet (§ 892 II). Das gleiche muss daher gelten, wenn F statt der sofortigen Eintragung eine Vormerkung erhalten hat.

Folglich ist für die Bestimmung der Gutgläubigkeit nicht auf den Zeitpunkt der Eintragung des Eigentums, sondern auf den Zeitpunkt der Eintragung der Vormerkung abzustellen. Wer bei Eintragung der Vormerkung gutgläubig ist, dem schaden spätere Kenntnis oder späterer Widerspruch nicht.

aaa) Fraglich ist allerdings, ob F Inhaber einer Vormerkung geworden ist.

Dies ist der Fall, wenn K von V eine Vormerkung wirksam bestellt worden ist, die dann durch Abtretung gemäß §§ 398, 401 auf F übergegangen ist.

bbb) Damit eine Vormerkung wirksam bestellt werden kann, muss zunächst ein durchsetzbarer Anspruch auf dingliche Rechtsänderung bestehen, der durch die Vormerkung gesichert werden kann (§§ 883 I 1, 886). Dieser Verschaffungsanspruch ist der Anspruch aus dem Kaufvertrag zwischen V und K auf Übereignung des Seegrundstücks.

ccc) Darüber hinaus muss die Vormerkung gemäß § 885 I 1 bewilligt werden. V hat K die Eintragung einer Vormerkung bewilligt.

ddd) Die Vormerkung muss auch gemäß § 885 I 1 eingetragen sein. Dies ist vorliegend geschehen.

eee) Der bewilligende V war als Nichteigentümer allerdings nicht zur Bewilligung einer Vormerkung berechtigt.

fff) K könnte die Vormerkung gutgläubig erworben haben.

Die Möglichkeit eines gutgläubigen Ersterwerbs einer Vormerkung ist allgemein anerkannt. Umstritten ist lediglich, nach welcher Vorschrift sich der gutgläubige Ersterwerb vollzieht. § 892 I 1 ist nicht anwendbar, da die Vormerkung kein beschränktes dingliches Recht am Grundstück ist, sondern nur ein dingliches Sicherungsmittel. In der Einräumung der Vormerkung liegt allerdings eine Verfügung über das Eigentum. Daher kann man § 893 Var. 2 als Vorschrift für den gutgläubigen Ersterwerb einer Vormerkung zugrunde zu legen. Eine analoge Anwendung dieser Norm, die auch vertreten wird, ist nicht nötig, da keine Regelungslücke besteht.

Folglich kann K die Vormerkung nach § 893 Var. 2, 892 erworben haben.

Dazu müsste der die Vormerkung Bewilligende, also vorliegend V, im Grundbuch eingetragen worden sein. Dies war der Fall.

Ferner müsste K gutgläubig hinsichtlich der Eigentümerstellung des V gewesen sein. Er dürfte also nach § 892 I 1 nicht gewusst haben, dass V nicht Eigentümer war. Zum Zeitpunkt des Antrags auf Eintragung der Vormerkung (vgl. § 892 II) wusste K nicht, dass V nicht der wahre Eigentümer des Grundstücks war. Er war also gutgläubig. Ein Widerspruch war auch nicht eingetragen.

Folglich hat K die Vormerkung gutgläubig nach §§ 893 Var. 2, 892 I 1 erworben.

Eine Vormerkung ist folglich entstanden. Im Wege der Abtretung wurde die Vormerkung, die als Sicherungsmittel nach § 401 dem gesicherten Anspruch folgt, an F übertragen. F hat folglich die Vormerkung erworben, die K gutgläubig erworben hatte.

ee) Für den Zeitpunkt des guten Glaubens kommt es also auf den Erwerb der Vormerkung an.

Obwohl F später erfährt, dass nicht V, sondern E der Eigentümer war, schadet ihm diese Kenntnis nicht mehr.

5. F ist Eigentümer des Grundstücks geworden

Ergebnis: E kann von F keine Grundbuchberichtigung nach § 894 verlangen.

2. Der gutgläubige Zweiterwerb

Der gutgläubige Zweiterwerb einer Vormerkung spielt eine Rolle, wenn eine Vormerkung auf einen Dritten übergehen soll, obwohl sie zwar eingetragen ist, aber in Wirklichkeit materiellrechtlich gar nicht besteht. Eine eingetragene, aber materiellrechtlich nicht bestehende Vormerkung kann entstehen, wenn die Bewilligung nach § 885 I 1 Var. 2 unwirksam ist, etwa aufgrund mangelnder Geschäftsfähigkeit (§§ 104 ff.) des Bewilligenden.

Zuerst muss man sich überlegen, wie Vormerkungen von einer Person auf eine andere übergehen können. Vormerkungen kann man nicht übereignen. Sie sind ja kein dingliches Recht, sondern nur ein Sicherungsmittel. Wir haben auch schon gesehen, dass die Vormerkung stets mit dem Anspruch zusammenhängt, den sie sichert (Akzessorietätsprinzip). Die Vormerkung kann also immer nur mit dem zu sichernden Anspruch übertragen werden. Genauer gesagt wird also immer nur der Anspruch übertragen und die Vormerkung geht automatisch mit über. Da Ansprüche durch Abtretung übertragen werden, folgt die Vormerkung nach § 401. Die Vormerkung ist ein Sicherungsmittel im Sinne dieser Vorschrift.

Das heißt auch, dass zur Wirksamkeit der Übergang der Vormerkung nicht im Grundbuch eingetragen werden muss. Wer Inhaber des Anspruchs ist, ist automatisch auch Vormerkungsberechtigter. Wenn im Grundbuch jemand anderes eingetragen ist, macht das nichts. Das Grundbuch ist dann lediglich unrichtig und kann berichtigt werden (vgl. § 894).

Beim gutgläubigen Zweiterwerb besteht also ein Anspruch, der gesichert werden soll (zur Erinnerung: bei Nichtbestehen dieses Anspruchs scheidet gutgläubiger Erwerb von vorneherein aus!).

Eine Vormerkung wurde eingetragen, obwohl sie in Wirklichkeit gar nicht besteht (weil die Bewilligung nach § 885 I 1 Var. 2 unwirksam ist). Dann wird der Anspruch abgetreten. Jetzt ist die Frage, was mit der Vormerkung passiert. Der Erwerber, der einen wirksamen Anspruch erhält, verlässt sich auf das Grundbuch und glaubt, dieser Anspruch sei durch eine Vormerkung gesichert.

Die Lösung dieses Problems ist umstritten.

Teilweise wird ein gutgläubiger Zweiterwerb einer Vormerkung abgelehnt. § 892 komme nicht zur Anwendung, da die Vormerkung kein dingliches Recht sei, sondern eben nur ein Mittel zur Sicherung. § 893 Var. 2 sei ebenfalls nicht einschlägig, da über das Grundstück durch Übertragung der Vormerkung nicht verfügt werde. Die

Übertragung der Vormerkung vollzieht sich schließlich nicht nach § 873 I, sondern nach den Abtretungsregeln der §§ 398, 401. Eine Abtretung ist keine Verfügung über ein Grundstücksrecht. § 893 Var. 2 setzt aber eine Verfügung über ein Recht am Grundstück voraus.

Dagegen wird vorgebracht, es müsse eine analoge Anwendung des § 892 möglich sein. Es bestehe eine planwidrige Regelungslücke. Die Interessenlage sei identisch. Schließlich vertraue derjenige, der durch Abtretung einen Anspruch erwirbt, von dem er glaubt, dass dieser durch eine Vormerkung gesichert ist, ebenso auf die Eintragung im Grundbuch wie jemand, der ein Recht am Grundstück erwirbt. Zwar gehe die Vormerkung automatisch nach § 401 über, ohne dass über sie rechtsgeschäftlich verfügt werde. Allerdings schließe sie sich einem rechtgeschäftlichen Tatbestand, nämlich der Abtretung unmittelbar an. Der rechtsgeschäftliche Erwerb des Anspruchs und der Vormerkung müsse als Einheit betrachtet werden.

Die überwiegende Meinung lässt daher einen gutgläubigen Zweiterwerb einer Vormerkung nach § 892 analog zu.

Wichtig: Nicht der Anspruch wird gutgläubig erworben, sondern nur die Vormerkung. Ansprüche können nur in wenigen Ausnahmefällen (§ 405 und § 2366) gutgläubig erworben werden.

Gutgläubiger Zweiterwerb der Vormerkung vom im Grundbuch zu Unrecht eingetragenen Buchbesitzer einer Vormerkung (str., ob möglich)

1. Durchsetzbarer Anspruch auf dingliche Rechtsänderung.

2. Wirksame Abtretung des Anspruchs, §§ 398 ff.

3. Vormerkung ist zwar eingetragen, aber nicht wirksam entstanden (daher kein Erwerb der Vormerkung gemäß §§ 398, 401).

4. Guter Glaube bezüglich des Bestehens der Vormerkung, §§ 892, 893 I Var. 2.

Übungsfall

Sachverhalt

Der betuchte B, der als Mitglied der Bussi-Bussi-Gesellschaft zwischen München, Wiesbaden und Nizza hin- und herpendelt, ist Eigentümer eines mit einer Jugendstilvilla bebauten Grundstücks. Das Grundstück veräußert er in einer Champagnerlaune notariell an K und lässt es auf. K bittet B um eine Auflassungsvormerkung, die dieser auch bewilligt. Nachdem die Vormerkung eingetragen worden ist, gerät K in Geldnot und tritt den Anspruch auf Verschaffung des Eigentums am Grundstück an D ab. B will sich einen Spaß erlauben und veräußert das Grundstück erneut an X, der auch als Eigentümer eingetragen wird. Als D von X Zustimmung zur Umschreibung des Grundbuchs verlangt, stellt sich heraus, dass sich B zum Zeitpunkt der Bewilligung der Vormerkung in einem vorübergehenden Zustand der Geisteskrankheit befunden hatte.

Was kann D von X verlangen?

Lösung

Anspruch des D gegen X aus § 888 I

D könnte einen Anspruch gegen X auf Zustimmung zur Löschung seiner Eintragung im Grundbuch aus § 888 I haben.

1. Dazu müsste der Erwerb des Eigentums durch X gegenüber demjenigen, zu dessen Gunsten eine Vormerkung besteht, unwirksam sein. X müsste seine Grundbuchposition also aufgrund vormerkungswidriger Verfügung erlangt haben.

2. X ist im Grundbuch als Eigentümer eingetragen. Er hat diese Grundbuchposition durch eine Übereignung von B nach §§ 873, 925 erlangt. Fraglich ist, ob diese Übereignung den gesicherten Anspruch eines Vormerkungsberechtigten vereitelt hat. Dann wäre die Verfügung nach § 883 II 1 relativ unwirksam.

3. D müsste Vormerkungsberechtigter gewesen sein.

aa) B hat D keine Vormerkung bestellt.

bb) Es kommt daher nur ein Zweiterwerb von K in Betracht.

aaa) Eine Vormerkung wird durch Abtretung des gesicherten Anspruchs gemäß §§ 398, 401 analog übertragen. Mit der Übertragung des Anspruchs gehen auch alle akzessorischen Sicherungsmittel wie etwa die Vormerkung über (§ 401 analog).

bbb) Eine Abtretungserklärung hat K abgegeben. Es bestand auch kein Abtretungsverbot bezüglich der gesicherten Forderung.

ccc) K müsste als Berechtigter gehandelt haben. K hat mit B den Kaufvertrag über das Grundstück abgeschlossen. K war also Inhaber eines Anspruchs auf Übereignung des Grundstücks aus § 433 I 1. Folglich war er als Inhaber des gesicherten Anspruchs auch zur Abtretung berechtigt. Gemäß § 401 analog kann eine Vormerkung nur übergehen, wenn sie auch tatsächlich besteht. Dies ist der Fall, wenn K die Vormerkung von B wirksam bestellt worden ist.

ddd) Die wirksame Bestellung einer Vormerkung setzt zunächst gemäß § 883 I 1 das Bestehen eines durchsetzbaren Anspruchs auf dingliche Rechtsänderung voraus. K hat aufgrund seines Kaufvertrages mit B einen Anspruch gegen B auf Übereignung des Grundstücks aus § 433 I 1. Dies ist ein Anspruch auf dingliche Rechtsänderung, der mit einer Vormerkung gesichert werden kann.

eee) Eine Vormerkung ist erst wirksam bestellt, wenn sie eingetragen ist, § 885 I 1. Die Eintragung der Vormerkung zugunsten des K ist erfolgt.

fff) Ferner ist die Bewilligung gemäß § 885 I 1 erforderlich. B hat K die Auflassungsvormerkung bewilligt. Problematisch ist allerdings, dass B im Zeitpunkt der Bestellung der Vormerkung geisteskrank war. Die Bewilligung ist eine einseitige materiellrechtliche Willenserklärung, auf die die Vorschriften der §§ 104 ff. Anwendung finden. Die Willenserklärung des B war vorliegend nach §§ 105, 104 Nr. 2 nichtig.

ggg) Die Vormerkung wurde damit nicht wirksam bestellt.

hhh) Fraglich ist, ob dieser Mangel im Bestellungsakt der Vormerkung bei einer Übertragung nach § 401 analog überwunden werden kann. Indem es sich dabei nicht um einen Erwerb durch Bestellung, sondern durch Übertragung handelt, stellt sich die Frage, ob im Rahmen eines solchen Zweiterwerbs eine Vormerkung überhaupt gutgläubig erworben werden kann.

Es bestehen diesbezüglich Bedenken. Der Zweiterwerb einer Vormerkung geschieht nicht rechtsgeschäftlich, sondern kraft Gesetzes gemäß § 401 analog. Insofern liegt in bezug auf die Vormerkung schon gar keine Verfügung vor. Verfügt wird nicht über die Vormerkung, sondern über den Anspruch auf Übereignung aus § 433 I 1, der durch die Vormerkung gesichert wird.

Dem ist entgegenzuhalten, dass eine hohe Ähnlichkeit zum gutgläubigen Erwerb von Grundstücksrechten besteht. Der Vormerkungsberechtigte ist im Grundbuch eingetragen. Ferner bestehen Parallelen zum Hypothekenrecht. Die Hypothek wird als Sicherungsmittel ebenso wie die Vormerkung mit der Abtretung des Anspruchs gemäß §§ 398, 401 übertragen (siehe § 1153 I).

Im weiteren Sinne wird durch die Verfügung über den gesicherten Anspruch auch über die Vormerkung verfügt. Diese funktionelle Betrachtungsweise überzeugt.

Folglich ist ein gutgläubiger Zweiterwerb der Vormerkung möglich.

iii) D müsste gemäß §§ 892 I 1, 893 Var. 2 gutgläubig gewesen sein. D wusste nicht, dass B im Zeitpunkt der Bestellung der Vormerkung geisteskrank war, so dass die Vormerkung nicht zur Entstehung gelangen konnte. D ging vielmehr davon aus, dass der Anspruch aus § 433 I 1, der ihm von K gemäß § 398 abgetreten wurde, mit einer im Grundbuch eingetragenen Vormerkung gesichert war.

Folglich war D gemäß §§ 892 I 1, 893 Var. 2 gutgläubig.

4. D ist demnach im Wege des gutgläubigen Zweiterwerbs Inhaber der Vormerkung geworden.

5. Durch die Verfügung des B an X wurde das durch die Vormerkung gesicherte Recht des D beeinträchtigt. Die Verfügung des B an X ist D gegenüber relativ unwirksam (§ 883 II 1).

6. X ist daher verpflichtet, in die Löschung seiner Eigentümerstellung im Grundbuch einzuwilligen.

Folglich hat D gegen X einen Anspruch auf Löschung der Eintragung als Eigentümer aus § 888 I.

1. Welche Arten des gutgläubigen Erwerbs einer Vormerkung kann man unterscheiden?

   Den gutgläubigen Ersterwerb und den gutgläubigen Zweiterwerb.

2. Nach welcher Vorschrift vollzieht sich nach herrschender Meinung der gutgläubige Ersterwerb?

   § 893 Var. 2

3. Warum nicht nach § 892 I 1?

   Weil die Vormerkung kein beschränktes dingliches Recht am Grundstück ist, sondern nur ein dingliches Sicherungsmittel (dingliche Sicherung eines schuldrechtlichen Anspruchs auf dingliche Rechtsänderung).

4. Wieso nicht § 893 Var.2 analog?

   Weil keine Regelungslücke besteht.

5. Was sind die Voraussetzungen des gutgläubigen Ersterwerbs einer Vormerkung?

   1. Durchsetzbarer Anspruch auf dingliche Rechtsänderung, der gesichert werden soll, §§ 883 I 1, 886.

   2. Bewilligung, § 885 I 1.

   3. Eintragung, § 885 I 1.

   4. Nichtberechtigung des Bewilligenden

   5. Voreintragung des Bewilligenden im Grundbuch als Eigentümer.

   6. Guter Glaube an das Eigentum des Bewilligenden, nach h.M. § 893 I Var. 2, d.h. keine Kenntnis von der Nichtberechtigung des Bewilligenden und kein Widerspruch eingetragen, § 899.

6. Welche Sachverhaltskonstellation ist typisch für den gutgläubigen Zweiterwerb?

   Es besteht ein zu sichernder Anspruch. Eine Vormerkung wurde eingetragen, obwohl sie in Wirklichkeit gar nicht besteht, weil die Bewilligung nach § 885 I 1 Var. 2 unwirksam ist. Dann wird der Anspruch abgetreten. Der Erwerber geht davon aus, dass der Anspruch durch eine Vormerkung gesichert sei.

7. Was spricht dagegen, den gutgläubigen Zweiterwerb einer Vormerkung zuzulassen?

Es wird vertreten, die Vormerkung sei kein dingliches Recht, sondern nur ein Sicherungsmittel. Daher sei § 892 nicht anwendbar, da dieser nur für dingliche Rechte gelte. § 893 Var. 2 sei nicht einschlägig, da über das Grundstück nicht verfügt werde. Die Übertragung der Vormerkung vollzieht sich nämlich nicht nach § 873 I, sondern nach den Abtretungsregeln der §§ 398, 401. Eine Abtretung ist keine Verfügung über ein Grundstücksrecht. § 893 Var. 2 setzt aber eine Verfügung über ein Recht am Grundstück voraus

8. Was spricht dafür, den gutgläubigen Zweiterwerbs einer Vormerkung zuzulassen?

Die Interessenlage bei Übertragung eines dinglichen Rechts und bei der Übertragung einer Vormerkung ist identisch. Derjenige, der durch Abtretung einen Anspruch erwirbt, von dem er glaubt, dass dieser durch eine Vormerkung gesichert ist, vertraut ebenso auf die Eintragung im Grundbuch wie jemand, der ein Recht am Grundstück erwirbt. Die Übertragung der Vormerkung und die Abtretung müssen als Einheit betrachtet werden.

9. Was sind die Voraussetzungen eines gutgläubigen Zweiterwerbs einer Vormerkung (unterstellt, der gutgläubige Zweiterwerb ist möglich)?

1. Durchsetzbarer Anspruch auf dingliche Rechtsänderung.

2. Wirksame Abtretung des Anspruchs, §§ 398 ff.

3. Vormerkung ist zwar eingetragen, aber nicht wirksam entstanden (daher kein Erwerb der Vormerkung gemäß §§ 398, 401).

4. Guter Glaube bezüglich des Bestehens der Vormerkung, §§ 892, 893 I Var. 2.

5. Kapitel:
Der Rang der Grundstücksrechte

Beschränkte dingliche Rechte am Grundstück dienen zumeist der Sicherung von Forderungen. Dahinter steckt der Gedanke, dass Grundstücke aufgrund ihres relativ stabilen Wertes im Sicherungsfall, also wenn die Forderung nicht beglichen wird, verwertet werden können. Das Grundstück wird dann beispielsweise zwangsversteigert, und der Erlös geht an die Gläubiger. Es stellt sich allerdings die praktische Frage, wie der Erlös konkret verteilt wird. Da oft mehrere Gläubiger ihre Ansprüche durch Rechte an einem Grundstück gesichert haben möchten, muss geregelt werden, in welcher Reihenfolge sie befriedigt werden. Das beantwortet uns der Rang eines Rechts am Grundstück. Man kann sich die Gläubiger also als eine Menschenschlange vorstellen, die ansteht, um Geld zu erhalten.

Der erste in der Schlange ist derjenige, dessen Recht den ersten Rang hat. Dann kommt der Inhaber des zweitrangigen Rechts, usw.

Gleichrangige Rechte werden anteilig befriedigt.

In der Praxis entscheidet oft der Rang eines Rechts über dessen wirtschaftlichen Wert. Das leuchtet auch ein. Es nutzt einem das schönste Recht nichts, wenn man so weit hinten in der Schlange steht, dass das Geld schon verteilt worden ist, bevor man überhaupt an der Reihe ist. Ein die Zwangsversteigerung betreibender Inhaber einer Hypothek kann also leer ausgehen, wenn die ihm vorhergehenden Rechte den Wert des Grundstücks bereits ausschöpfen (§ 44 I ZVG). Dann erlischt sein Recht ohne Entschädigung.

Wird ein unbelastetes Grundstück erstmals belastet, so erhält dieses Recht den ersten Rang. Mit einer neuen Belastung schließt sich auch ein neuer Rang an. Der Rang der Rechte ergibt sich also aus der zeitlichen Abfolge der Eintragungen im Grundbuch. Dieser Grundsatz ist in § 879 I geregelt.

Es gilt folglich das Windhundprinzip („wer zuerst kommt, mahlt zuerst"). Mit einer Ausnahme: Rechte die am gleichen Tag eingetragen wurden, haben den gleichen Rang (§ 879 I 2 a.E.)

Neben der gesetzlichen Rangbestimmung nach der Reihenfolge der Eintragung der Grundstücksrechte gibt es noch eine weitere Möglichkeit, auf die Rangreihenfolge der Rechte Einfluss zu nehmen, nämlich durch Vereinbarung. Der Eigentümer kann mit dem Inhaber des beschränken dinglichen Rechts vereinbaren, welchen Rang das

Grundstücksrecht haben soll (§ 879 III). Diese Vereinbarung ist in der Rechtspraxis wichtig, wenn zwei Rechte gleichzeitig bestellt und eingetragen werden, aber die Parteien nicht möchten, dass diese gleichrangig entstehen (wie dies ohne besondere Vereinbarung wegen § 879 I 2 a.E. der Fall wäre).

Ist eine Vereinbarung über den Rang wirksam, so geht sie der gesetzlichen Rangfolge vor. Ist die Vereinbarung nichtig, so tritt die gesetzliche Regelung ein.

Die Rangfolge kann auch nachträglich geändert werden. Dies bestimmt § 880 I. Wenn man sich die Rangfolge wieder als Menschenschlange vorstellt, so hat die nachträgliche Rangänderung zwei Szenarien zur Folge:

Jemand, der am Anfang oder mitten in der Schlange stand, stellt sich hinten an. Dieser Fall ist unproblematisch, da keine Rechte von anderen beeinträchtigt werden. Man könnte das gleiche Ergebnis durch eine Löschung und Neubestellung erreichen.

Der häufigere Fall ist, dass sich jemand in der Schlange nach vorne drängeln möchte (wie im richtigen Leben…). Ließe man dies bedingungslos zu, würden alle anderen im Rang eine Position zurückfallen.

Beispiel: Nehmen wir an, es gibt 5 Inhaber von beschränkt dinglichen Rechten am Grundstück des X und X vereinbart mit D, dass dieser vom 5. auf den 2. Rang vorrückt.

Die Situation vor der Rangänderung sieht dann so aus:

Person A	Person B	Person C	**Person D**	Person E
Grundschuld	Hypothek	Hypothek	**Grundschuld**	Grundschuld
1. Rang	2. Rang	3. Rang	**4. Rang**	5. Rang

Situation nach der Rangänderung würde so aussehen:

Person A	**Person D**	Person B	Person C	Person E
Grundschuld	**Grundschuld**	Hypothek	Hypothek	Grundschuld
1. Rang	**2. Rang**	3. Rang	4. Rang	5. Rang

Man sieht deutlich, dass die Personen B und C nach der Rangänderung schlechter stehen als zuvor, obwohl sie an dem Rechtsgeschäft der Rangänderung zwischen dem Eigentümer X und D nicht beteiligt waren.

Dieses Problem hat das Gesetz gesehen, und es verlangt daher, dass sich bei einer nachträglichen Änderung der Rangfolge nach § 880 II 1 der Vorrückende mit den Zurücktretenden einigen muss.

In unserem Beispiel geht also nichts ohne B und C. Da sich ihre Position durch ein Vorrücken des D verschlechtern würde, muss sich D mit ihnen einigen. Nur dann sieht die Situation so aus, wie oben graphisch gezeigt. Können sich B und C nicht mit D einigen, bleibt alles beim alten.

Neben der Rangänderung gibt es auch den Rangvorbehalt nach § 881. Danach kann sich der Eigentümer bei Belastung seines Grundstücks mit einem Recht vorbehalten, ein anderes Recht vor diesem eintragen zu lassen.

Hätte X dem B in unserem Beispiel eine zweitrangige Hypothek unter Rangvorbehalt bestellt, so hätte er später mit D unproblematisch vereinbaren können, dass dieser eine zweitrangige Grundschuld erhält. Durch den Rangvorbehalt mussten B und auch alle folgenden Gläubiger damit rechnen, dass X ein Recht im Rang vor dem des B einträgt. Die Inhaber nachrangiger Rechte mussten also damit rechnen, dass sie eventuell alle im Rang eine Position zurückfallen. Daher müssen sie später nicht zustimmen.

Die Situation nach der Rangänderung sieht dann so aus:

Person A	**Person D**	Person B	Person C	Person E
Grundschuld	**Grundschuld**	Hypothek	Hypothek	Grundschuld
1. Rang	**2. Rang**	3. Rang	4. Rang	5. Rang

Der Rangvorbehalt ist also eine Art „Joker", mit der man sich eine Rangposition freihalten kann. Der Rangvorbehalt setzt die Einigung zwischen Eigentümer und Erwerber des Rechts und den Eintrag ins Grundbuch voraus (§ 881 II).

Übungsfall

Sachverhalt

A bestellt am 8. Januar zugunsten des B eine Briefhypothek in Höhe von 10.000 Euro zur Sicherung einer Darlehensforderung. Am 12. Januar bestellt A zugunsten des C eine Grundschuld in Höhe von 20.000 Euro, und am 13. Januar bestellt er zugunsten des D eine Hypothek in Höhe von 30.000 Euro. Alle Grundpfandrechtsgläubiger stellen noch am Tag der Bestellung des Rechts einen Eintragungsantrag beim Grundbuchamt. Die Grundpfandrechte werden auch ins Grundbuch eingetragen, allerdings wird aufgrund eines Fehlers im Grundbuchamt die Hypothek des D vor der Grundschuld des C eingetragen. Nachdem A seine Verpflichtungen gegenüber den Gläubigern nicht mehr erfüllen kann, wird die Zwangsversteigerung seines Grundstücks beantragt. Durch die Versteigerung kommt ein Erlös von 30.000 Euro zustande. D verlangt davon 20.000 Euro mit dem Argument, er sei an zweiter Stelle eingetragen. C ist der Meinung, ihm stünden die 20.000 Euro zu.

Wer hat Recht?

Lösung

1. Nach § 44 I ZVG wird der Erlös aus einer Zwangsversteigerung nach der Reihenfolge des Ranges der Grundpfandrechte verteilt. Der Inhaber einer Hypothek oder Grundschuld kann also bei der Verteilung leer ausgehen, wenn die ihm vorhergehenden Rechte den Wert des Grundstücks bereits ausschöpfen (§ 44 I ZVG). Dann erlischt sein Recht ohne Entschädigung.

2. Nach § 879 I ergibt sich die Rangfolge der Rechte aus der zeitlichen Abfolge der Eintragungen im Grundbuch. Mit einer neuen Belastung schließt sich auch ein neuer Rang an.

Durch die Eintragung der Hypothek des B wurde das zuvor unbelastete Grundstück des A erstmals belastet. Daher erhält dieses Recht den ersten Rang erhält. Als Inhaber einer erstrangigen Hypothek in Höhe von 10.000 Euro wird A in voller Höhe befriedigt.

3. Es stellt sich daher nur noch die Frage, wie die restlichen 20.000 Euro zu verteilen sind.

a) Das Recht, das zeitlich an zweiter Stelle im Grundbuch eingetragen wurde, war die Hypothek des D in Höhe von 30.000 Euro. Würde D die restlichen 20.000 Euro aus dem

Erlös erhalten, wäre die Verteilung des Versteigerungserlöses ausgeschöpft. Wegen § 44 I ZVG ginge V leer aus.

b) Problematisch ist, dass die Grundschuld des C zeitlich vor der Hypothek des D bestellt wurde und D nur wegen eines Fehlers des Grundbuchamts im Rang vor C eingetragen wurde.

c) Nach der Grundbuchordnung sind die Anträge nach der Reihenfolge des Eingangs zu bearbeiten (§ 17 GBO). Die Reihenfolge der Eintragungen muss nach § 45 I GBO der Reihenfolge der Anträge entsprechen. Diese Reihenfolge hat das Amt nicht gewahrt. Das Grundbuchamt hat dadurch gegen die Eintragungsvorschriften verstoßen. Fraglich ist, wie sich dieser Fehler auswirkt. Die Eintragung des Rangs nach § 879 I hat konstitutive Wirkung. Folglich ändert sich durch den Verstoß gegen die Grundbuchordnung nichts daran, dass D vor C eingetragen wurde und dadurch ein vorrangiges Recht erworben hat. Das Grundbuch gibt damit die zutreffende Rangfolge wieder. Es ist folglich durch die Eintragung auch nicht unrichtig geworden.

Ergebnis: B erhält von Versteigerungserlös 10.000 Euro, D 20.000 Euro. C geht leer aus.

Anmerkung: C kann gegen den Staat einen Amtshaftungsanspruch geltend machen.

6. Kapitel:
Die Begründung, Aufhebung und die Inhaltsänderung beschränkter dinglicher Rechte

Beschränkte dingliche Rechte sind Rechte an einem Grundstück, die - wie das Eigentum - gegen alle wirken (also dinglich). „Beschränkt" dinglich heißen die Rechte deshalb, weil sie nicht wie das Eigentum umfassende Befugnisse verleihen, sondern das Eigentum in einem Teilgebiet belasten. Beispiele für beschränkt dingliche Rechte sind neben der Grundschuld und der Hypothek als den bedeutsamsten auch Dienstbarkeiten (z.B. Wegerechte) oder der Nießbrauch (also eine Nutzungsbefugnis des Eigentums). Was die Begründung von Rechten angeht, so ist die Prozedur für alle Rechte am Grundstück strukturell gleich:

Neben einer dinglichen Einigung (§ 873 I 1) und der Eintragung im Grundbuch muss der Verfügende zur Einräumung des Rechts befugt gewesen sein. Es muss sich also um den Eigentümer handeln oder um jemanden, der vom Eigentümer nach § 185 zur Einräumung des Rechts ermächtigt wurde. Bei einigen Rechten, insbesondere der Hypothek und der Grundschuld gelten darüber hinaus weitere Voraussetzungen, die in den entsprechenden Kapiteln in diesem Buch vorgestellt werden.

Rechte, die begründet werden, können natürlich auch wieder aufgehoben werden. Die Aufhebung eines Rechts vollzieht sich nach § 875. Zur Aufhebung eines beschränkten dinglichen Rechts an einem Grundstück bedarf es nach § 875 der einseitigen Aufhebungserklärung des Berechtigten und der Löschung im Grundbuch. Die Löschung ist Grundbuch ist notwendig, damit das Grundbuch die wahre Rechtslage widerspiegelt. Nach § 876 bedarf es ferner der Zustimmung dessen, der ein Recht am aufzuhebenden Recht hat (praktisch selten). Die Aufhebung führt dazu, dass das Recht untergeht.

Neben der Begründung und Aufhebung können dingliche Rechte auch inhaltlich geändert werden. Zur Erinnerung: Eine solche Inhaltsänderung ist eine „Verfügung". Die Inhaltsänderung eines beschränkten dinglichen Rechts vollzieht sich nach § 877. Diese Vorschrift verweist auf § 873. Es ist also für die Inhaltsänderung eine dingliche Einigung und eine Eintragung im Grundbuch erforderlich. Der Umfang der Inhaltsänderungen ist jedoch wegen des sachenrechtlichen Typenzwangs begrenzt. Warum ist es sinnvoll, ein Recht inhaltlich zu ändern anstatt es zu löschen und ein neues mit dem gewollten Inhalt zu bestellen? Bei einer Änderung wird der Rang des Rechts gewahrt. Man muss sich also nicht in der Warteschlange wieder ganz hinten anstellen. Deshalb ist bei der Inhaltsänderung auch die Zustimmung der Inhaber gleich- und nachrangiger Rechte erforderlich.

7. Kapitel:
Kurzüberblick über das formelle Grundstücksrecht (GBO)

Das formelle Grundstücksrecht ist selten Klausurthema. Dennoch sollte man sich wenigstens einmal die wichtigsten Vorschriften der Grundbuchordnung durchgelesen haben, um sich klar zu machen, auf welchem Weg Rechte eingetragen werden. Dies fördert auch das Verständnis für materielle Rechtsfragen.

Grundsätzlich wird ein Recht im Grundbuch eingetragen, wenn folgende Voraussetzungen vorliegen:

1. § 13 I 1 GBO: *Antrag* (formlos, § 30 GBO, allerdings muss es in einem Schriftstück enthalten sein [Folgerung aus § 13 I 2 GBO]). Der Antrag ist keine Willenserklärung, sondern Prozesshandlung.

2. § 19 GBO: *Bewilligung* durch den Betroffenen. Auch der Nichtberechtigte kann wirksam bewilligen! § 20 GBO durchbricht den Bewilligungsgrundsatz für die Fälle der Auflassung sowie Bestellung, Inhaltsänderung oder Übertragung eines Erbbaurechts (dort muss die Einigung nachgewiesen werden).

3. § 29 GBO: Die *Eintragungsbewilligung* nach § 19 GBO muss durch öffentliche (415 ZPO) oder öffentlich beglaubigte (§§ 39, 40 BeurkG) Urkunden *nachgewiesen* werden.

4. § 39 I GBO *Voreintragung des Betroffenen*. Derjenige, von dem erworben werden soll, muss im Grundbuch stehen.

Die wichtigsten Verfahrensnormen sind also:

§§ 13, 19, 29, 39 GBO (Eselsbrücke: Die Endziffern sind alle durch drei teilbar)

Es fällt auf, dass die Bewilligung einen hohen Stellenwert hat. Dies hat zur Folge, dass niemand ein Recht verliert, ohne dem grundbuchrechtlich zugestimmt zu haben (vornehm nennt man das „formelles Konsensprinzip").

Bei nachgewiesener Unrichtigkeit des Grundbuchs nimmt das Grundbuchamt die Änderung automatisch vor (§ 22 GBO).

Das materielle Grundstücksrecht gibt in § 894 dem nicht eingetragenen Eigentümer gegen den zu Unrecht Eingetragenen einen Anspruch auf Erteilung der Bewilligung. Materielles und formelles Grundstücksrecht greifen also ineinander.

1. Wieso ist der Rang eines Grundstücksrechts wichtig?

   In der Praxis entscheidet der Rang eines Rechts über dessen wirtschaftlichen Wert.

2. Woraus ergibt sich grundsätzlich, welchen Rang ein Grundstücksrecht hat?

   Der Rang der Rechte ergibt sich aus der zeitlichen Abfolge der Eintragungen im Grundbuch (§ 879 I).

3. Können mehrere Rechte den gleichen Rang haben?

   Ja: Rechte die am gleichen Tag eingetragen wurden, haben den gleichen Rang (§ 879 I 2 a.E.).

4. Wie kann die Rangfolge nachträglich geändert werden?

   Nach § 880 II 1 müssen sich der Vorrückende und die Zurücktretenden einigen, und die Änderung muss im Grundbuch eingetragen werden.

5. Was ist ein Rangvorbehalt?

   Durch den Rangvorbehalt kann sich der Eigentümer bei Belastung seines Grundstücks mit einem Recht vorbehalten, ein anderes Recht im Rang vor diesem eintragen zu lassen.

6. Wo ist der Rangvorbehalt geregelt?

   § 881

7. Muss der Rangvorbehalt auch im Grundbuch eingetragen werden?

   Ja: § 881 II

8. Nach welcher Vorschrift können beschränkte dingliche Rechte aufgehoben werden?

   § 875

9. Was sind die Voraussetzungen einer Aufhebung?

   Es bedarf nach § 875 der einseitigen Aufhebungserklärung des Berechtigten und der Löschung im Grundbuch.

10. Nach welcher Vorschrift kann eine Inhaltsänderung erfolgen?

    § 877

11. Was sind die Voraussetzungen einer Inhaltsänderung?	§ 877 verweist auf § 873. Es ist also für die Inhaltsänderung eine dingliche Einigung und eine Eintragung im Grundbuch erforderlich.
12. Was ist der Vorteil der Inhaltsänderung gegenüber der Löschung und Neubestellung?	Durch die Inhaltsänderung wird der Rang des Rechts gewahrt. Deshalb ist bei der Inhaltsänderung auch die Zustimmung der Inhaber gleich- und nachrangiger Rechte erforderlich.
13. Was sind die formellen Voraussetzungen einer Grundbucheintragung nach der Grundbuchordnung?	1. Es muss nach § 13 I 1 GBO ein Antrag vorliegen 2. Nach § 19 GBO muss die Bewilligung durch den Betroffenen erteilt worden sein 3. Nach § 29 GBO muss die Eintragungsbewilligung i.S.d § 19 GBO durch öffentliche (415 ZPO) oder öffentlich beglaubigte (§§ 39, 40 BeurkG) Urkunden nachgewiesen werden. 4. Der Betroffene muss voreingetragen sein, § 39 I GBO
14. Was besagt das formelle Konsensprinzip?	Niemand verliert ein Recht, ohne dem grundbuchrechtlich zugestimmt zu haben.

8. Kapitel:
Einführung zu den Grundpfandrechten

Die Grundpfandrechte, also die Hypothek, die Grundschuld und die Rentenschuld bereiten dem Studenten im Bereich des Grundstücksrechts die meisten Verständnisschwierigkeiten.

Die Grundpfandrechte existieren zur Kreditsicherung. Sie sind **Realsicherheiten**[13] (von lat. res = die Sache). Im Gegensatz zu Personalsicherheiten wie etwa der Bürgschaft bieten sie dem Gläubiger eine bessere Sicherung, da der Wert von Grundstücken relativ beständig ist. Das Grundstück haftet also in Höhe eines bestimmten Geldbetrags. Darüber hinaus gibt es einen weiteren Vorteil: Im Fall der Insolvenz des Schuldners ist der Grundpfandrechtsgläubiger in einer gegenüber den anderen Gläubigern besseren (privilegierten) Position. Er hat nämlich ein sog. Absonderungsrecht (§ 49 InsO). Das bedeutet im Klartext, dass der Gläubiger einer Hypothek oder Grundschuld sich vor den anderen Gläubigern des Schuldners befriedigen kann. Er ist also eine Art VIP.

Verschaffen wir uns zunächst einen Überblick über die Grundpfandrechte: Erst einmal muss man sich klarmachen, dass ein Grundpfandrecht eine Abspaltung des Eigentums ist. Ein Grundpfandrecht ist eine Belastung eines Grundstücks (Recht des Grundpfandrechtsinhabers gegenüber dem Eigentümer). Die Belastung liegt darin, dass einem Dritten unter gewissen Umständen die Befugnis eingeräumt wird, das Grundstück zu verwerten. Normalerweise liegt die Verwertungsbefugnis beim Eigentümer (das ergibt sich aus § 903). Diese Verwertungsbefugnis des Eigentümers ist allerdings übertragbar. Nichts anderes geschieht durch die Einräumung eines Grundpfandrechts.

Es gibt drei Grundpfandrechte: Die Hypothek (§ 1113 I), die Grundschuld (§ 1191 I) und die Rentenschuld (§ 1199). In der Kreditpraxis steht die Grundschuld im Vordergrund. Wir werden auch sehen, warum das so ist. In der Klausur geht es meistens um Hypotheken und Grundschulden. Die Rentenschuld ist fast nie Klausurthema.

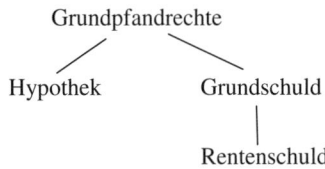

---

[13] Weitere Realsicherheiten sind neben den Grundpfandrechten auch das Pfandrecht an beweglichen Sachen und Rechten, der Eigentumsvorbehalt und die Sicherungsübereignung.

Gesetzessystematisch hat der Gesetzgeber die Vorschriften über die Hypothek sehr ausführlich gehalten (§§ 1113 – 1190). Bei der Regelung der Grundschuld und der Rentenschuld kommt er mit weniger Paragraphen aus, indem er hauptsächlich auf die Regelung der Hypothek verweist und nur noch die Abweichungen dazu normiert.

Wir haben gesehen, dass ein Grundpfandrecht ein dingliches Verwertungsrecht am Grundstück ist. Aus dem dinglichen Verwertungsrecht ergibt sich ein **Anspruch** des Grundpfandrechtsinhabers gegen den Eigentümer des belasteten Grundstücks **auf Duldung der Zwangsvollstreckung**. Die Anspruchsgrundlage findet sich für die Hypothek in § 1147, für die Grundschuld wird in § 1192 I auf § 1147 verwiesen. Praktisch läuft das so ab: Der Grundpfandrechtsinhaber klagt gegen den Eigentümer des Grundstücks. Wenn er gewinnt, erhält er ein obsiegendes Urteil, einen Titel. Mit der Hilfe dieses Titels kann er nun staatliche Organe mit der Zwangsvollstreckung beauftragen. Es folgt dann die Zwangsversteigerung oder Zwangsverwaltung des Grundstücks. Aus dem Erlös wird der Gläubiger dann befriedigt.

Da die Hypothek und die Grundschuld Sicherungsrechte sind, muss es natürlich auch immer etwas geben, was gesichert werden soll.

Das ist bei der Hypothek <u>immer</u> eine Geldforderung, bei der Grundschuld manchmal eine Geldforderung (dann nennt man die Grundschuld *Sicherungsgrundschuld*). Wenn eine Grundschuld bestellt wird, die keine Forderung sichert, spricht man von einer *isolierten Grundschuld*.

Man muss sich merken, dass für die Hypothek nach § 1113 I eine Forderung unbedingt erforderlich ist (man kann sich das Wort „Forderung" in § 1113 I unterstreichen).

§ 1113 I lautet nämlich:

Ein Grundstück kann in der Weise belastet werden, dass an denjenigen, zu dessen Gunsten die Belastung erfolgt, eine bestimmte Geldsumme zur Befriedigung wegen einer ihm zustehenden **Forderung** aus dem Grundstück zu zahlen ist (Hypothek).

Der Eigentümer eines Grundpfandrechts gibt sein Grundstück als Sicherheit hin. Wenn er damit eine Forderung besichern will (durch eine Sicherungsgrundschuld oder eine Hypothek), kann er das machen, um eine eigene Forderung zu sichern oder um eine fremde Forderung zu sichern.

Ein Beispiel für die Sicherung einer fremden Forderung ist der Onkel, der sein Grundstück mit einer Hypothek belasten lässt, damit sein mittelloser Neffe von der

Bank einen Kredit erhält. Dieser Fall ähnelt in seiner Struktur einer Bürgschaft, mit dem Unterschied, dass das spezifische Grundstück und nicht die Person des Onkels für die Forderung „bürgt". Kann der Neffe den Kredit nicht zurückzahlen, haftet der Bank das Grundstück des Onkels. Die Bank würde also gegen den Onkel auf Duldung der Zwangsvollstreckung klagen und mit dem erfolgreichen Urteil die Zwangsvollstreckung gegen den Onkel in sein Grundstück einleiten.

Der Schuldner kann also Eigentümer des Grundstücks sein oder Schuldner und Eigentümer können, wie im Onkel-Beispiel, auseinander fallen:

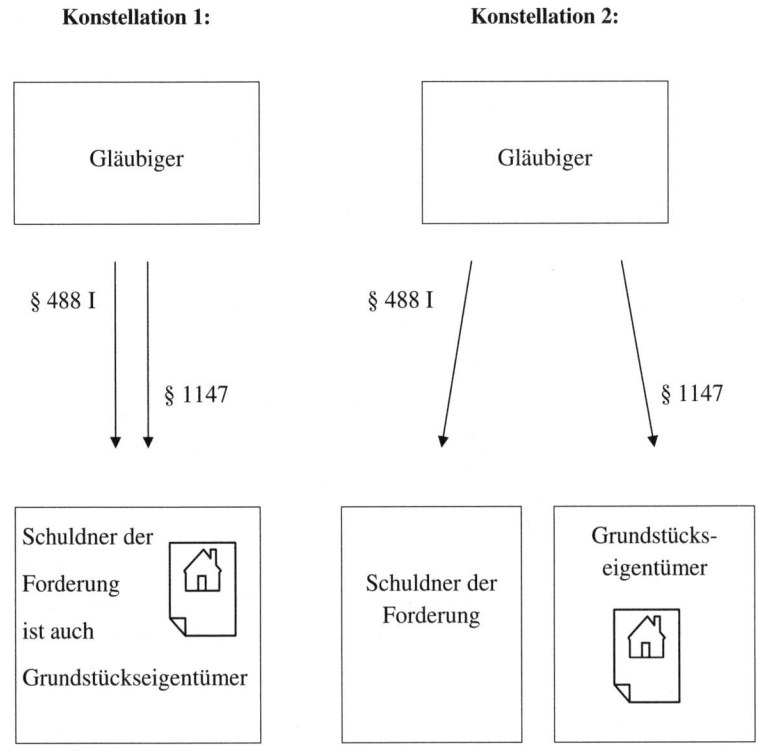

Konstellation 1:   **Konstellation 2:**

Gläubiger   Gläubiger

§ 488 I   § 488 I

§ 1147   § 1147

Schuldner der Forderung ist auch Grundstückseigentümer

Schuldner der Forderung

Grundstückseigentümer

Da der Grundstückseigentümer auch Schuldner ist, nämlich Schuldner des Anspruchs aus § 1147, wird er manchmal auch als *dinglicher Schuldner* bezeichnet. Den Schuldner der Forderung nennt man auch *persönlichen Schuldner*. Persönlicher und dinglicher Schuldner können, wie wir gesehen haben, personengleich sein oder auseinander fallen.

Die Personenverschiedenheit kann von vorneherein bestehen oder nachträglich eintreten:

Bei der Personenverschiedenheit von vornherein bestellt jemand ein Grundpfandrecht an seinem Grundstück zur Sicherung der persönlichen Schuld eines anderen (wie in unserem Onkel-Beispiel, s.o.).

Eine Personenverschiedenheit kann auch nachträglich eintreten:

Der Eigentümer eines Grundstücks hat eine persönliche Schuld durch Bestellung des Grundpfandrechts abgesichert. Nun überträgt er sein belastetes Eigentum an einen anderen. Dann bleibt der bisherige Eigentümer persönlicher Schuldner, der neue Eigentümer wird Schuldner aus dem Grundpfandrecht (Ausnahme: Vereinbarung einer Schuldübernahme mit Genehmigung des Gläubigers).

Beispiel: *Ein Unternehmer nimmt einen Kredit bei seiner Bank auf und sichert den Kredit mit einer Hypothek ab. Sein Grundstück ist also mit der Hypothek belastet. Jetzt veräußert er sein Grundstück an seinen Bruder.*

Schuldner des Kreditvertrags ist immer noch der Unternehmer. Dinglicher Schuldner ist allerdings nun dessen Bruder, der ein mit der Hypothek belastetes Grundstück erworben hat. Die Hypothek ist also immer untrennbar mit dem Grundstück verbunden, egal wie oft dieses veräußert wird.

Dass mit der Übereignung des Grundstücks nicht automatisch auch die Schuld aus dem Kreditvertrag übergeht, ist logisch. Wenn das nicht so wäre, könnte es passieren, dass die Bank plötzlich einen schlechteren (weil ärmeren) Schuldner aufgezwungen bekommen könnte. Daher ist ein Übergang der persönlichen Schuld auf den Erwerber des Grundstücks nur möglich, wenn zwischen dem Unternehmer und seinem Bruder eine Schuldübernahme (§ 414) vereinbart wird, die die Bank genehmigen muss (§ 415 I 1).

Die Unterscheidung zwischen persönlichem und dinglichem Schuldner ist wichtig, da man in der Klausur den richtigen Anspruchsgegner herausfinden muss. Macht man sich den Unterschied klar, vermeidet man beispielsweise den Fehler, einen Anspruch auf Duldung der Zwangsvollstreckung gegen eine Person zu bejahen, die gar nicht Eigentümer des Grundstücks ist.

Während es auf der Schuldnerseite verschiedene Verpflichtete geben kann, wenn dinglicher und persönlicher Schuldner auseinander fallen, so kann dies bei der Hypothek auf der Gläubigerseite nicht eintreten. Das hat folgenden Grund: Wenn der Gläubiger einer Forderung und einer Hypothek die Forderung an einen anderen überträgt, wandert die Hypothek als Anhängsel automatisch nach § 401 mit (wegen der Akzessorietät). Die Untrennbarkeit von Hypothek und Forderung macht § 1153 nochmals deutlich:

§ 1153 Übertragung von Hypothek und Forderung

(1) Mit der Übertragung der Forderung geht die Hypothek auf den neuen Gläubiger über.

(2) Die Forderung kann nicht ohne die Hypothek, die Hypothek kann nicht ohne die Forderung übertragen werden

Wiederholungsfragen

1. Welches sind die Grundpfandrechte?

Grundschuld, Hypothek, Rentenschuld.

2. Was ist der Zweck der Grundpfandrechte?

Sie dienen zur Absicherung, meistens von Krediten.

3. Was ist ein Grundpfandrecht seiner Struktur nach?

Eine Belastung des Eigentums. Die Belastung liegt darin, dass einem Dritten unter gewissen Umständen die Befugnis eingeräumt wird, das Grundstück zu verwerten.

4. Was für einen Anspruch hat der Inhaber des Grundpfandrechts gegen den Grundstückseigentümer?

Den Anspruch auf Duldung der Zwangsvollstreckung aus § 1147.

5. Wie kann der Grundpfandrechtsgläubiger sein Verwertungsrecht praktisch durchsetzen?

Der Grundpfandrechtsinhaber klagt gegen den Eigentümer des Grundstücks auf Duldung der Zwangsvollstreckung. In dem obsiegenden Urteil wird sein Anspruch tituliert. Mit der Hilfe dieses Titels kann er nun staatliche Organe mit der Zwangsvollstreckung beauftragen. Es folgt dann die Zwangsversteigerung oder Zwangsverwaltung des Grundstücks. Aus dem Erlös wird der Gläubiger dann befriedigt.

6. Was ist der wichtigste Unterschied zwischen Hypothek und Grundschuld?	Die Hypothek sichert immer eine Geldforderung, bei der Grundschuld ist das nicht zwingend. Die Forderung und die Hypothek sind akzessorisch.
7. Wie nennt man eine Grundschuld, die eine Geldforderung sichert?	Sicherungsgrundschuld.
8. Wie nennt man eine Grundschuld, die keine Geldforderung sichert?	Isolierte Grundschuld.
9. Wie nennt man den Schuldner der Forderung?	Persönlicher Schuldner.
10. Wie nennt man den Schuldner des Anspruchs aus § 1147?	Dinglicher Schuldner.
11. Können dinglicher Schuldner und Eigentümer auseinander fallen?	Nein, da der dingliche Schuldner ja mit seinem Grundstück haftet. Wer Eigentümer eines mit einer Hypothek belasteten Grundstücks ist, ist automatisch dinglicher Schuldner.
12. Können dinglicher Schuldner und persönlicher Schuldner auseinander fallen?	Ja.
13. Wie kann das passieren?	1. Von Anfang an, wenn der Eigentümer eines Grundstücks eine Hypothek für die Schuld eines anderen bestellt.
	2. Später, wenn der Eigentümer eine persönliche Schuld durch Bestellung des Grundpfandrechts absichert und sein belastetes Eigentum dann an einen anderen überträgt, ohne dass eine Schuldübernahme vereinbart wurde.
14. Welches Grundpfandrecht ist in der Praxis am meisten verbreitet?	Die Grundschuld.

9. Kapitel:
Die Hypothek

A. Die Entstehung der Hypothek und der gutgläubige Ersterwerb

Die Hypothek ist ein beschränktes dingliches Recht, das durch die Belastung des Eigentums nach § 873 I Var. 3 („Belastung eines Grundstücks mit einem Recht") entsteht. Es handelt sich bei der Bestellung einer Hypothek also nicht um eine Verfügung über die Hypothek, sondern über eine Verfügung über das Eigentum.

Die Voraussetzungen in § 873 I, nämlich dingliche Einigung, Eintragung und Berechtigung des Veräußerers, werden durch die §§ 1114 und 1115 ergänzt und teilweise abgeändert.

Wir haben schon gesehen, dass die Hypothek unbedingt eine zu sichernde Forderung voraussetzt. Dies ergibt sich aus dem Wortlaut des § 1113 I. Die Forderung muss auf eine bestimmte Geldsumme gerichtet sein, also beispielsweise eine Forderung einer Bank gegen einen Kunden auf Rückzahlung eines Darlehens aus § 488 I 2 in Höhe von 40.000 Euro.

Eine Hypothek kann auch für eine Forderung bestellt werden, die erst in Zukunft entsteht (§ 1113 II). Ein Beispiel dafür ist eine Forderung, die erst entsteht, wenn eine Bedingung eingetreten ist. Die Hypothek entsteht dann in dem Moment, in dem die Bedingung eintritt. Vorher besteht eine vorläufige Eigentümergrundschuld (§ 1163 I 1 i.V.m. § 1177). Da eine Hypothek eingetragen ist, aber in Wirklichkeit (zumindest vorläufig) eine Eigentümergrundschuld besteht, ist das Grundbuch unrichtig. Entsteht die Forderung, verwandelt sich die Eigentümergrundschuld in die eingetragene Hypothek, und das Grundbuch ist wieder richtig.

Es gibt zwei unterschiedliche Arten der Hypothek: die Buchhypothek und die Briefhypothek. Für Buch- und Briefhypothek gilt gleichermaßen, dass sich die Parteien dinglich über die Bestellung einer Hypothek einigen müssen (§ 873 I Var. 3). Beide Arten der Hypothek müssen auch bei der Bestellung ins Grundbuch eingetragen werden.

Normalerweise müsste bei einer Übertragung der Hypothek jeder neue Hypothekengläubiger ins Grundbuch eingetragen werden. Da das umständlich ist, hat sich das Gesetz einen Weg überlegt, wie man die Übertragung der Hypothek einfacher machen könnte, nämlich durch die Einführung der Briefhypothek. Und das sieht so aus: Bei der Bestellung wird neben der Höhe der Forderung auch der erste Gläubiger im

Grundbuch eingetragen. Zusätzlich wird ein Hypothekenbrief erteilt. Wenn der Gläubiger seine Forderung zu Geld machen will, indem er die Forderung und die Hypothek (zur Erinnerung: beide sind untrennbar verbunden, § 1153) überträgt, so geschieht dies durch eine schriftliche Abtretungserklärung und die Übergabe des Hypothekenbriefs (§ 1154 I 1). Der neue Gläubiger muss also nicht ins Grundbuch eingetragen werden. Er kann seine Forderung an einen weiteren Gläubiger durch schriftliche Abtretungserklärung und Übergabe des Briefs veräußern. Der Besitz des Hypothekenbriefs übernimmt also die Publizitätsfunktion, die ansonsten das Grundbuch wahrnimmt. Auf diese Weise können hypothekarisch gesicherte Forderungen leichter im Rechtsverkehr zirkulieren.

Der Hypothekenbrief wird vom Grundbuchamt erteilt. Zunächst erhält der Eigentümer den Brief. Mit der Aushändigung des Briefes an den Gläubiger entsteht die Hypothek. Da diese Vorgehensweise etwas umständlich ist, gibt es auch einen einfacheren Weg, der in der Praxis üblich ist: Die Parteien vereinbaren, dass der Gläubiger sich den Brief direkt beim Grundbuchamt abholen darf. Dadurch spart sich der Eigentümer den Weg, und der Gläubiger ist schneller im Besitz des Briefs. Diese Vereinbarung hat allerdings einen weiteren Vorteil: Nach § 1117 II wird nämlich der Zeitpunkt der Entstehung der Hypothek vorverlagert. Sie entsteht bereits im Zeitpunkt der Vereinbarung und nicht erst, wenn der Gläubiger den Brief beim Grundbuchamt abholt. Die Abholung ist nämlich dann nur noch bloße Formsache.

Bei der Buchhypothek wird neben dem ersten Hypothekengläubiger bei einer Übertragung der Forderung samt Hypothek auch jeder neue Gläubiger ins Grundbuch eingetragen.

Die Briefhypothek ist der gesetzliche Regelfall. Wenn die Parteien ausnahmsweise eine Buchhypothek bestellen möchten, müssen sie dies vereinbaren. Im Sachverhalt steht dann etwa „Hypothek ohne Brief", „brieflos" oder „Die Erteilung eines Briefs ist ausgeschlossen". Die Vereinbarung, keinen Brief zu erteilen, muss im Grundbuch eingetragen sein. Das ergibt sich aus § 1116 II 3. Oft hat man es in der Klausur mit der Briefhypothek zu tun.

Grundsätzlich kann man eine Hypothek nur vom Berechtigten, also vom Eigentümer des Grundstücks oder einer vom Grundstückseigentümer ermächtigten Person erwerben.

Bestellt der Nichtberechtigte eine Hypothek, ist allerdings ein gutgläubiger (Erst-) Erwerb einer Hypothek möglich. Natürlich muss dazu zunächst die dingliche Hypothekenbestellung wirksam sein (normaler Erwerbstatbestand, also Bestehen einer Forderung, Einigung, Eintragung, Briefübergabe bzw. Eintragung des Ausschluss eines

Briefs). Zusätzliche Voraussetzung für einen wirksamen Erwerb vom Nichtberechtigten ist, dass der Besteller als Eigentümer im Grundbuch eingetragen ist (§ 892 I) und der Erwerber nicht wusste, dass der Besteller nicht der Grundstückseigentümer ist; es darf auch kein Widerspruch eingetragen sein (§§ 892 I, 891).

Wenn die Forderung nicht existiert, ist der Erwerb unmöglich. Die entstehende Eigentümergrundschuld fällt dann dem wahren Berechtigten, also dem wirklichen Eigentümer zu.

Bestellung einer Hypothek (Ersterwerb)

1. Bestehen einer zu sichernden Forderung.

2. Einigung gemäß § 873 I Var. 2 mit dem Inhalt der §§ 1113, 1116.

3. Eintragung gemäß § 873 I mit dem Inhalt des § 1115.

4. Bei Briefhypothek: Übergabe des Briefes, § 1117.

   Bei Buchhypothek: Eintragung des Ausschlusses nach § 1116 II 1.

5. Einigsein bei Eintragung, § 873 II.

6. Berechtigung des Bestellers.

   Fehlt die Berechtigung, ist gutgläubiger Erwerb möglich, wenn

   - Verfügender als Eigentümer im Grundbuch eingetragen ist (§ 892 I) und

   - der Erwerber weder Kenntnis von der Nichtberechtigung des

     Veräußerers hat noch ein Widerspruch eingetragen ist (§§ 892 I, 891).

B. Die Übertragung der Hypothek

Zur Erinnerung: Die Hypothek geht mit Übertragung der gesicherten Forderung über, § 1153 I. Forderung und Hypothek können also nur gemeinsam übertragen werden, „Mitlaufgebot" (§ 1153 II).

Wenn es um die Übertragung einer Hypothek geht, muss man den Blick daher auf die gesicherte Forderung lenken. Die Forderung wird durch Abtretung nach § 398 übertragen und die Hypothek folgt (§ 401 sowie § 1153 I). Die Hypothek ist ein Anhängsel der Forderung. Sie ist *akzessorisch*.

Der Abtretungsvertrag über eine hypothekarisch gesicherte Forderung muss schriftlich erfolgen. Das normiert § 1154 I 1. Eine Ausnahme davon steht in § 1154 II: Wenn die Abtretung ins Grundbuch eingetragen wurde, ist die Schriftform entbehrlich.

> **Prüfungstipp**: Eine beliebte Frage im mündlichen Examen lautet, ob die Abtretung von Forderungen formbedürftig sei. Wer nur in den §§ 398 ff. sucht, findet keine Formerfordernisse. Die richtige Antwort lautet also: grundsätzlich nein. Eine Ausnahme bildet die Abtretung einer hypothekarisch gesicherten Forderung, die nach § 1154 I 1 zu ihrer Wirksamkeit die Schriftform voraussetzt.

Neben dem Abtretungsvertrag treten aber noch weitere Voraussetzungen hinzu.

Bei einer Briefhypothek muss der alte Gläubiger (der Abtretende) den Brief an den neuen Gläubiger übergeben. Die Übergabe kann auch durch Übergabesurrogate ersetzt werden. Nach § 1117 I 1 sind dafür die Vorschriften der §§ 929 S.2, 930, 931 entsprechend anwendbar.

Bei der Buchhypothek muss statt der Übergabe des Briefes die Abtretung im Grundbuch eingetragen werden (§ 1154 III i.V.m. § 873).

Vom gutgläubigen Ersterwerb ist der gutgläubige Zweiterwerb zu unterscheiden (zur Erinnerung: auch bei der Vormerkung haben wir zwischen Ersterwerb und Zweiterwerb unterschieden). Ersterwerb meint den Erwerb durch erstmalige Bestellung einer Hypothek. Der Zweiterwerb hat dagegen die Konstellation im Blick, dass eine bereits bestellte Hypothek durch Abtretung übertragen wird.

Beim gutgläubigen Zweiterwerb der Hypothek sind zwei Fälle zu unterscheiden:

Der Mangel kann im Bereich der Forderung oder im Bereich des dinglichen Rechts liegen. Was heißt das konkret? Am besten macht man sich den Unterschied an Beispielen klar:

1.) Mangel im dinglichen Recht

A erhält von seiner Bank ein Darlehen am 10.11. und bestellt am 11.11. zur Sicherung eine Buchhypothek, die auch eingetragen wird. Während A im Zeitpunkt des Abschlusses des Darlehensvertrages noch bei Sinnen war, befand sich A am 11.11 aus Anlass des Auftakts der „Meenzer Fassenacht" unerkannt im Zustand der Volltrunkenheit. Im Dezember tritt die Bank die Forderung an X ab. Die Abtretung wird ins Grundbuch eingetragen. Hat X eine hypothekarisch gesicherte Forderung erworben?

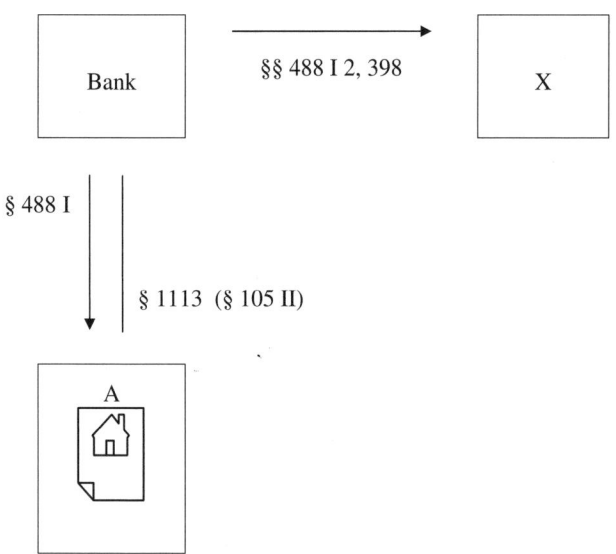

Der Anspruch auf Darlehenrückforderung aus § 488 I 2 ist entstanden, da der Darlehensvertrag wirksam geschlossen wurde. Die Forderung aus dem Darlehen geht also unproblematisch auf X über. Fraglich ist nur, was mit der Hypothek passiert. Normalerweise folgt sie der Forderung nach §§ 401, 1153 I. Die Hypothek wurde allerdings nicht wirksam bestellt, da die dingliche Einigung nach § 873 I wegen § 105 II nichtig war (A befand sich bei der Abgabe der Erklärung im Zustand der vorübergehenden Störung der Geistestätigkeit). Was nicht entstanden ist, kann grundsätzlich auch nicht als „Anhängsel" der Forderung übergehen.

Zu bedenken ist allerdings, dass die Bank im Grundbuch als Inhaberin der Hypothek eingetragen ist. Für X sah es danach so als, als sei die Forderung, die er von der Bank durch Abtretung erwarb, durch eine Hypothek gesichert. Hier hilft dem Erwerber § 892. Wenn X nicht wusste, dass die Bank in Wirklichkeit nicht Inhaberin der Hypothek war und auch kein Widerspruch eingetragen war, wird sein guter Glaube an das Grundbuch geschützt. Er erwirbt dann wirksam gutgläubig die Hypothek allein nach § 892.

Achtung: In dieser Konstellation spielt die Vorschrift des § 1138, die in der folgenden Fallgestaltung (Mangel in der Forderung) entscheidend ist, überhaupt keine Rolle. Man muss also genau schauen, wo der Mangel liegt. Liegt der Mangel nur im dinglichen Recht, vollzieht sich der gutgläubige Erwerb allein nach § 892.

2) Mangel in der Forderung

A erhält von seiner Bank ein Darlehen am 10.11. und bestellt gleichzeitig zur Sicherung eine Buchhypothek, die auch eingetragen wird. Der Banker B tritt die Forderung am 11.11. an X ab. Die Abtretung wird ins Grundbuch eingetragen. Danach tritt X die Forderung an Y ab, wobei die Abtretung wiederum ins Grundbuch eingetragen wird. Später stellt sich heraus, dass sich B während der Abtretung am 11.11. aus Anlass des Auftakts der „Meenzer Fassenacht" unerkannt im Zustand der Volltrunkenheit befand. Hat Y eine hypothekarisch gesicherte Forderung erworben?

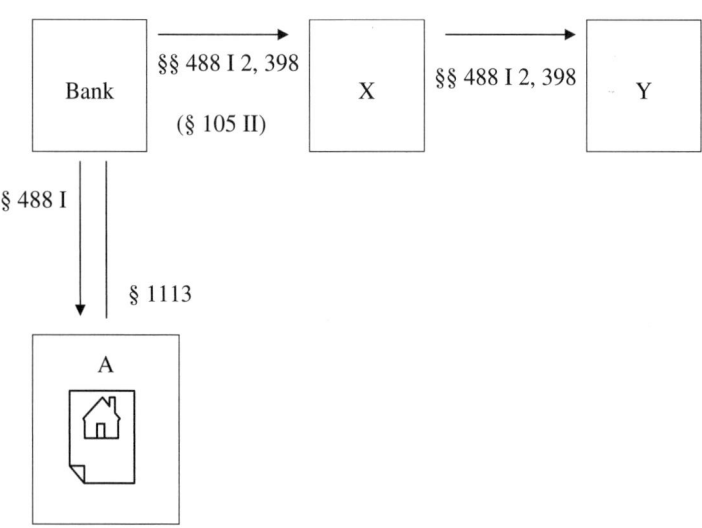

Y konnte die Forderung von X nicht wirksam erwerben, da die Abtretung zwischen der Bank und X wegen der Volltrunkenheit des B (§ 105 II) unwirksam war. X war also hinsichtlich der Forderung Nichtberechtigter, da die Forderung immer noch der Bank zustand.

Das Problem ist also, dass der eingetragene Hypothekar X nicht Inhaber der Forderung war. Ein gutgläubiger Erwerb von Forderungen ist grundsätzlich nicht möglich (zwei Ausnahmen sind § 405 und § 2366). Man könnte allerdings an einen gutgläubigen Erwerb der Hypothek denken, da die Hypothek ja ein beschränktes dingliches Recht ist, das im Grundbuch eingetragen ist. Dieses Recht sollte gutgläubig zu erwerben sein. Wie aber kann man eine Hypothek gutgläubig erwerben, wenn der Abtretende nicht Inhaber der Forderung ist? Schließlich haben wir ja gelernt, dass Forderung und Hypothek „unzertrennlich" sind und die Hypothek nur als Anhängsel einer Forderung übertragen werden kann.

Das Gesetz hat sich für diesen Konflikt (Festhalten am Grundsatz der Akzessorietät von Forderung und Hypothek einerseits und Zulassen eines gutgläubigen Zweiterwerbs der Hypothek bei Mangel in der Forderung andererseits) einen Kompromiss ausgedacht, nämlich eine Art Taschenspielertrick.

Die Lösung des Problems ist in § 1138 zu finden:

Danach gelten die §§ 891, 892 für die Hypothek auch „in Ansehung der Forderung". Diese umständliche Formulierung bedeutet im Klartext: Ist der Eingetragene nicht Inhaber der Hypothek, weil er nicht Inhaber der Forderung ist, dann wird so getan, als wäre der Hypothekar Inhaber der Forderung. Es wird also das Bestehen der in Wirklichkeit nicht existierenden Forderung fingiert, sofern der Erwerber in gutem Glauben ist.

Die Abtretung kann sich nun auf die fingierte (also nur gedachte) Forderung beziehen, und die Hypothek folgt nach. Gutgläubig wird jedoch nur die Hypothek erworben, nicht die Forderung (das ist ganz wichtig: § 1138 führt nicht zum gutgläubigen Erwerb der Forderung!). Das ergibt sich auch aus dem Wortlaut des § 1138: „für die Hypothek".

§ 1138 ist also ein Zauberkünstler, der eine fiktive Forderung erscheinen lässt, mit Hilfe dieser Forderung die Hypothek quasi „huckepack" auf den Erwerber überträgt und dann die fiktive Forderung wieder verschwinden lässt.

Zugunsten von Y wird also eine Forderung fingiert, die dann als Transportmittel für die Hypothek nach § 1138 dient. Da Y gutgläubig war, also nicht wusste, dass X nicht Hypothekar war, konnte er die Hypothek nach §§ 1138, 892 wirksam erwerben. Die Forderung erwirbt er nicht gutgläubig. Daher ist die Hypothek in der Hand des Y eine Grundschuld (es kann keine Hypothek sein, da eine Hypothek eine Forderung zwingend voraussetzt). Doch jetzt kommt der Clou! Wir haben ja gesehen, dass wegen der Akzessorietät die Forderung nicht ohne die Hypothek übertragen werden kann, aber auch, dass umgekehrt die Forderung an der Hypothek „hängt" (§ 1153 II a.E.: „...die Hypothek kann nicht ohne die Forderung übertragen werden). Da Forderung und Hypothek nie getrennt werden können, die Hypothek aber wegen § 1138 auf Y übergegangen ist, springt die Forderung, die bei der Bank „hängen geblieben" ist, diesmal der Hypothek hinterher (wegen § 1153 II). Dies geschieht automatisch von Rechts wegen. Das Akzessorietätsprinzip setzt hier also quasi in umgekehrter Stoßrichtung ein. Nachdem die Forderung nachgezogen wurde, liegen Forderung und Grundpfandrecht bei Y wieder in einer Hand. Dadurch wird das Grundpfandrecht auch wieder zur Hypothek, denn jetzt ist die erforderliche Forderung ja wieder da.

3.) Kombination eines Mangels im dinglichen Recht und eines Mangels in der Forderung

Die beiden dargelegten Konstellationen kann man auch verbinden:

A erhält von seiner Bank ein Darlehen am 10.11. und bestellt am 11.11. zur Sicherung eine Buchhypothek, die auch eingetragen wird. A ist nicht nur am 11.11 wie gewohnt unerkannt volltrunken, sondern aus Vorfreude bereits am 10.11. Im Dezember tritt die Bank die Forderung an X ab. Die Abtretung wird ins Grundbuch eingetragen. Im Januar tritt X die Forderung an Y ab. Auch diese Abtretung wird im Grundbuch eingetragen. X, der A am Straßenumzug des 11.11. zufällig traf, wusste, dass die Bestellung der Hypothek nichtig war, Y hatte davon keine Ahnung.

Hat Y eine hypothekarisch gesicherte Forderung erworben?

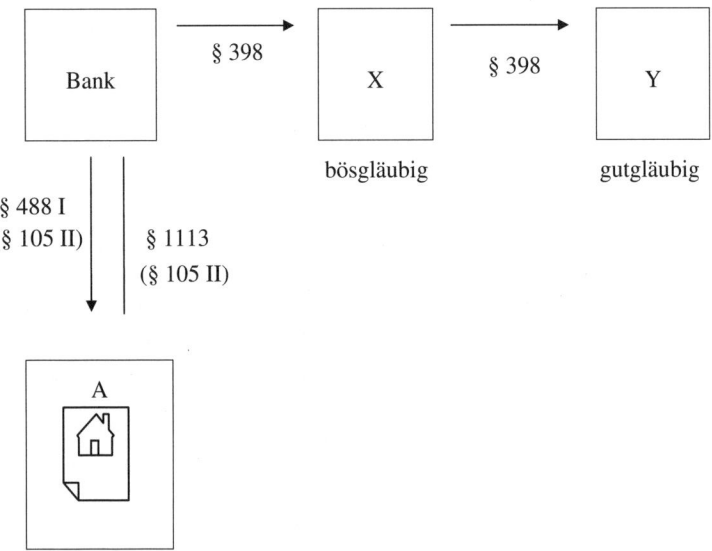

Die Forderung konnte Y durch Abtretung nicht erwerben, da sie wegen der Nichtigkeit des Darlehensvertrages (§ 105 II) nicht entstanden ist. Kann er dagegen die Hypothek erwerben? Die Hypothek ist nicht wirksam bestellt worden, da die Willenserklärung des A im Rahmen der dinglichen Einigung nach § 873 I wegen § 105 II nichtig war. Die Bank hat also keine Hypothek wirksam erworben.

Zu bedenken ist allerdings, dass die Bank im Grundbuch als Inhaberin der Hypothek eingetragen ist. Für X sah es danach so als, als sei die Forderung, die er von der Bank durch Abtretung erwarb, durch eine Hypothek gesichert. Daher greift grundsätzlich § 892 ein. Allerdings wusste X, dass die Bank in Wirklichkeit nicht Inhaber der Hypothek war. X war nicht in gutem Glauben und kann daher die Hypothek auch nicht wirksam gutgläubig nach § 892 erwerben.

Etwas anderes gilt für Y. Durch Mangel im dinglichen Bestellungsakt (nämlich die Unwirksamkeit der Bestellung durch A nach § 105 II) ist X nicht Inhaber der Hypothek, aber als solcher im Grundbuch eingetragen. Die Nichtberechtigung des X kann Y durch den guten Glauben an die Eintragung des X im Grundbuch überwinden (siehe oben unter Konstellation 1 „Mangel im dinglichen Recht").

Darüber hinaus ergibt sich ferner das Problem, dass die Forderung nicht besteht und damit die Hypothek nicht nach §§ 1153, 401 auf Y übergehen kann. Y kann die Hypothek allerdings nur erwerben, wenn sie durch eine Forderung „transportiert" wird. Hier helfen jetzt §§ 1138, 892. Das Bestehen der in Wirklichkeit nicht existierenden Forderung wird fingiert, sofern der Erwerber in gutem Glauben ist. Y weiß nicht, dass die Darlehensforderung nicht existiert. Er ist gutgläubig nach § 892.

Zugunsten von Y wird also eine (in Wirklichkeit nicht bestehende) Forderung fingiert, die dann als Transportmittel für die Hypothek nach § 1138 dient. Er kann also die Hypothek gutgläubig erwerben (siehe oben unter Konstellation 2 „Mangel in der Forderung"). **Achtung: Die Forderung erwirbt er nicht gutgläubig.** Daher ist die Hypothek in der Hand des Y eine Grundschuld (es kann keine Hypothek sein, da eine Hypothek die zugrunde liegende Forderung zwingend voraussetzt).

Da die Forderung niemals entstanden ist, und nicht irgendwo bei einer anderen Person „hängen geblieben" ist, kann die Forderung auch nicht nach § 1153 II hinterhergezogen werden. Daher bleibt das Grundpfandrecht in der Hand des Y eine Grundschuld (es gibt ja keine Forderung und die wäre Voraussetzung für eine Hypothek).

Y hat also den Mangel im dinglichen Recht nach § 892 überwunden und den Mangel in der Forderung nach §§ 1138, 892.

Diese Kombination ist der komplizierteste Fall des gutgläubigen Zweiterwerbs.

Eine weitere Sonderkonstellation des gutgläubigen Zweiterwerbs gibt es noch, nämlich den Erwerb einer Briefhypothek von jemandem, der zwar in Wirklichkeit nicht Inhaber der Briefhypothek ist, aber im Besitz des Hypothekenbriefs ist und darüber hinaus beglaubigte Abtretungserklärungen vorweisen kann:

Das Problem ist, dass bei der Übertragung der Briefhypothek keine Eintragung der neuen Gläubiger im Grundbuch erfolgt. Es wird immer nur schriftlich abgetreten (§ 1154 I 1) und der Brief übergeben. Wenn also jemand als Nichtberechtigter verfügt, ist die Frage, ob der Rechtsverkehr geschützt werden soll. Das Grundbuch hilft als Basis des Rechtsscheins nicht weiter, da ja keine Eintragung der neuen Gläubiger erfolgt. Das Gesetz hat in § 1155 normiert, dass der Grundbucheintragung gleichgestellt ist, wenn der nichtberechtigt Verfügende eine Kette beglaubigter Abtretungserklärungen vorlegen kann, die auf einen im Grundbuch eingetragenen Hypothekar zurückgehen. Die ununerbrochene Kette der beglaubigten Abtretungserklärungen entfaltet also einen Rechtsschein, den das Gesetz genauso stark einschätzt, wie wenn jemand im Grundbuch eingetragen ist. Daher ist der gute Glaube an die Inhaberschaft einer Hypothek auch dann geschützt, wenn der Hypothekengläubiger zwar nicht im Grundbuch eingetragen ist, aber eine Kette beglaubigter Abtretungserklärungen vorlegt, die auf einen rechtmäßigen Hypothekar zurückgeht. Nach § 1154 I 2 hat der Erwerber einer durch Briefhypothek gesicherten Forderung einen Anspruch darauf, dass die Abtretungs-erklärung beglaubigt wird.

Achtung: Trotz § 1155 genießt der Hypothekenbrief im Gegensatz zum Grundbuch keinen öffentlichen Glauben. Der Briefbesitz ersetzt nur den Grundbucheintrag.

Eine weitere Besonderheit des Hypothekenrechts findet man in §§ 1184 ff. Dort ist die Sicherungshypothek geregelt. Die Sicherungshypothek, die nur als Buchhypothek möglich ist, schützt den Eigentümer vor einem gutgläubigen Erwerb der Hypothek bei Fehlen der Forderung. Nach § 1185 II ist nämlich die Anwendung der §§ 1138, 892 ausgeschlossen. Gutgläubiger Erwerb über § 892 direkt bei Mangel im dinglichen Entstehungstatbestand (s.o. Konstellation 1) ist jedoch möglich. Die Sicherungs-hypothek kommt äußerst selten in Klausuren vor. Man sollte allerdings wissen, dass es sie gibt.

Nicht zu verwechseln mit der Sicherungshypothek ist die Sicherungsgrundschuld. Sicherungsgrundschuld und Sicherungshypothek haben trotz des außer dem ähnlichen Namens nichts miteinander zu tun.

1. **Abtretung der gesicherten Forderung gemäß §§ 398, 401 in der Form des § 1154 I, II** (schriftlich oder durch Eintragung der Abtretung im Grundbuch).

2. **Bei Buchhypothek (§ 1116 II):** Eintragung des Erwerbers ins Grundbuch nach § 873 I Var. 3 erforderlich (§ 1154 III).

   Bei Briefhypothek: Übergabe des Hypothekenbriefs, § 1117.

3. **Berechtigung des Abtretenden**

   a) **Fehlt die Berechtigung bezüglich der Hypothek** (d.h. Verfügender ist

   Forderungsinhaber, aber nicht Hypothekar), ist gutgläubiger Erwerb möglich,

   wenn

   - Verfügender als Hypothekar im Grundbuch eingetragen (§ 892 I) oder

   durch Kette beglaubigter Abtretungserklärungen ausgewiesen ist (§ 1155)

   und

   - der Erwerber weder Kenntnis von der Nichtberechtigung des

   Verfügenden hat noch ein Widerspruch eingetragen ist (§§ 892 I, 891).

   b) **Fehlt die Berechtigung bezüglich der Forderung**

   (d.h. Abtretender ist nicht Forderungsinhaber, aber als Hypothekar

   eingetragen), ist gutgläubiger Erwerb der Hypothek (nicht der Forderung!)

   nach §§ 1138 Var.1, 892 I möglich, wenn der Erwerber bezüglich Forderung

   gutgläubig war, also nicht wusste, dass der Abtretende nicht

   Forderungsinhaber war.

Übungsfall

Sachverhalt

E bestellt zugunsten des A eine Briefhypothek für eine Darlehensforderung des A gegen S. Die Hypothek wird im Grundbuch eingetragen. A tritt die Hypothek schriftlich an B ab, wobei B sich die Abtretungserklärung beglaubigen lässt. B tritt die Forderung erneut schriftlich an C ab, ohne dass er sich die Abtretungserklärung beglaubigen lässt. Später stellt sich heraus, dass die Abtretung zwischen A und B nichtig war.

Frage 1: Welche Ansprüche hat C gegen E?

Frage 2: Welche Ansprüche hat C gegen S?

Lösung

Am besten macht man sich bei Fällen mit mehr als zwei Personen zu Beginn eine kleine Skizze, die so aussehen könnte:

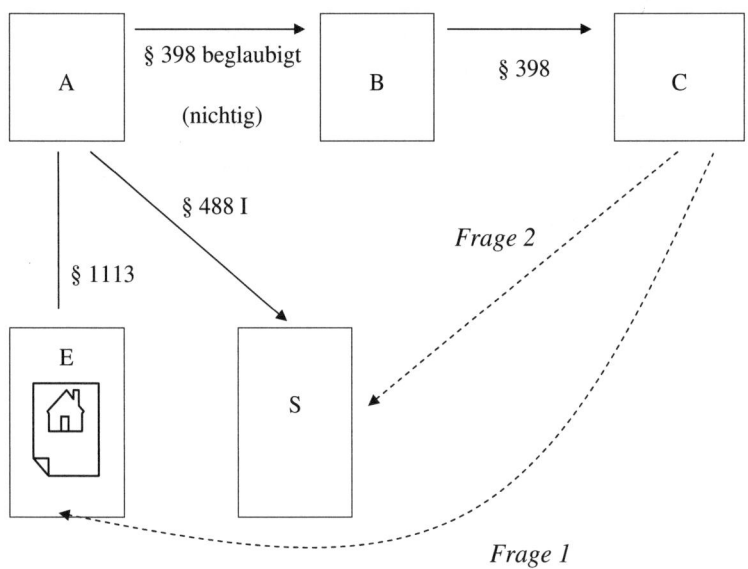

84

Frage 1: Anspruch des C gegen E aus § 1147

C könnte gegen E einen Anspruch auf Duldung der Zwangsvollstreckung in das Grundstück haben.

I. Dazu müsste C eine Hypothek erworben haben.

1. In Betracht kommt ein Zweiterwerb des C von B. B muss an C also eine hypothekarisch gesicherte Forderung gemäß §§ 398, 401 in der Form des § 1154 I abgetreten haben.

a) Ein Abtretungsvertrag wurde zwischen B und C geschlossen. Die Abtretung erfolgte auch schriftlich. Somit ist die Form des § 1154 I gewahrt.

b) B müsste C den Hypothekenbrief nach § 1117 übergeben haben. Dies ist erfolgt.

c) Der Abtretende muss auch berechtigt gewesen sein. B muss also Inhaber der Forderung gewesen sein. Die Forderung könnte er von A durch Abtretung nach § 398 erlangt haben. A und B haben sich zwar über den Übergang geeinigt, und A war auch zur Abtretung berechtigt. Der Abtretungsvertrag war allerdings nichtig. Folglich ist B nicht Inhaber der Forderung gewesen. Daher war er auch nicht berechtigt, die Forderung an C abzutreten.

d) Fraglich ist, ob die fehlende Berechtigung hinsichtlich des Erwerbs der Hypothek überwunden werden kann. Ein gutgläubiger Erwerb der Forderung kommt nicht in Betracht, da die Sonderfälle der § 2366 und 405 nicht vorlagen. Die Hypothek könnte allerdings gutgläubig erworben worden sein.

aa) Fraglich ist, ob der Mangel im dinglichen Recht oder in der Forderung liegt.

B ist nicht Forderungsinhaber geworden. Folglich liegt ein Mangel in der Forderung

bb) Es könnte zusätzlich auch ein Mangel im dinglichen Recht vorliegen. Das hängt davon ab, ob B, von dem C die Hypothek erwerben will, seinerseits im Zeitpunkt der Abtretung Hypothekar war.

Ursprünglich wurde A die Hypothek von E bestellt. A war also Hypothekar. Die Abtretung zwischen A und B war allerdings nichtig. Fraglich ist, ob B die Hypothek trotzdem erwerben konnte. Nach §§ 1138, 892 kann zwar die Nichtberechtigung überwunden werden, aber B hat die Forderung nicht vom Nichtberechtigten erworben (A war schließlich rechtmäßiger Inhaber der Forderung und der Hypothek). Die Nichtigkeit der Abtretung kann nach §§ 1138, 892 dagegen nicht überwunden werden. B hat die Hypothek nicht von A erworben. Er war auch hinsichtlich der Hypothek

Nichtberechtigter. Folglich liegt bei der Abtretung des B an C auch ein Mangel in der dinglichen Berechtigung.

cc) Der Mangel liegt sowohl in der Forderung als auch im dinglichen Recht. B, von dem C Forderung und Hypothek erwerben will, ist weder Inhaber der Forderung noch Inhaber der Hypothek.

dd) Der Mangel in der Forderung könnte durch §§ 1138, 892 überwunden werden. Dazu muss C gutgläubig gewesen sein. Ihm darf nicht bekannt gewesen sein, dass der Veräußerer der hypothekarisch gesicherten Forderung nicht deren Inhaber war. Im Grundbuch ist allerdings nicht B eingetragen, von dem C die Hypothek erwerben wollte. Das hängt damit zusammen, dass eine Briefhypothek bestellt wurde Bei einer Briefhypothek wird nicht jeder neue Gläubiger ins Grundbuch eingetragen, sondern immer nur bei Abtretung der Forderung der Hypothekenbrief übergeben. Nach § 1155 steht allerdings die Kette beglaubigter Abtretungserklärungen dem Rechtsschein der Grundbucheintragung gleich. Die Abtretung des A an B war beglaubigt (er hatte darauf wegen § 1154 I 2 sogar einen Anspruch). Daher ist der gute Glaube des C geschützt, auch wenn B nicht im Grundbuch eingetragen ist. Dass die Abtretungserklärung zwischen B und C nicht beglaubigt wurde, spielt für § 1155 keine Rolle. Es kommt nur auf die Legitimation des Abtretenden an, also auf die Abtretung(en) vor derjenigen, die man prüft. Dies ergibt sich aus dem Wortlaut des § 1155 („ergibt sich das Gläubigerrecht des Besitzers des Hypothekenbriefs…")

ee) Die Forderung wird also nach § 1138 fingiert und der Mangel in der Forderung kann durch den guten Glauben des C nach § 1155 überwunden werden.

ff) Ferner müsste der Mangel im dinglichen Recht (B war auch nicht Inhaber der Hypothek) überwunden worden sein. Hier ist § 892 direkt anzuwenden. Durch den guten Glauben des C und die beglaubigte Abtretungserklärung nach § 1155 wird auch der Mangel im dinglichen Recht überwunden.

II. C konnte also die Hypothek gutgläubig erwerben.

C hat gegen E einen Anspruch auf Duldung der Zwangsvollstreckung aus § 1147.

Frage 2: Anspruch des C gegen S aus § 488 I 2

C könnte gegen S einen Anspruch auf Rückzahlung des Darlehens aus § 488 I 2 haben.

I. Dazu müsste er Inhaber der Forderung sein.

II. Die Forderung könnte er von B erhalten haben.

1. Ein Abtretungsvertrag wurde zwischen B und C geschlossen.

2. Die Abtretung erfolgte auch schriftlich. Somit ist die Form des § 1154 I gewahrt.

3. Der Abtretende war allerdings nicht berechtigt. Der Abtretungsvertrag zwischen A und B war nichtig. Folglich ist B nicht Inhaber der Forderung gewesen. Also war er auch nicht berechtigt, die Forderung an C abzutreten.

4. Ein gutgläubiger Erwerb der Forderung scheidet aus, da Forderungen grundsätzlich nicht gutgläubig erworben werden können, und Ausnahmen vorliegend nicht einschlägig sind.

III. C könnte nach § 1153 II Inhaber der Forderung geworden sein. Nach § 1153 II („Mitlaufgebot") folgt die Forderung der Hypothek nach.

1. C müsste eine Hypothek erworben haben, die die Darlehensforderung gegen S sichert.

2. C hat die Hypothek gutgläubig nach §§ 1138, 892, 1155 sowie 892, 1155 erworben, indem er den Mangel in der Forderung und den Mangel in der dinglichen Berechtigung überwand. Die Forderung ist dagegen wegen der nichtigen Abtretung bei A „hängen geblieben". Wegen § 1153 II folgt die Forderung dann der Hypothek nach.

IV. C ist damit Inhaber der Forderung.

C hat gegen S einen Anspruch auf Rückzahlung des Darlehens aus § 488 I 2.

Klausurtipp: Im Sachverhalt des Übungsfalls ist davon die Rede, dass „A die Hypothek an B abtritt". Eine solche Formulierung taucht häufiger in Klausuraufgaben auf und soll den Studenten auf eine falsche Fährte führen. Gemeint ist natürlich, dass die hypothekarisch gesicherte *Forderung* abgetreten wird. Wir wissen ja mittlerweile, dass die Hypothek nicht ohne eine Forderung übertragen werden kann. Sie ist immer „Anhängsel" einer Forderung und wird nur mit dieser übertragen.

1. Kann eine Hypothek auch für eine zukünftige Forderung bestellt werden?

Ja, vgl. § 1113 II. Vor Entstehen der Forderung besteht eine vorläufige Eigentümergrundschuld (§ 1163 I 1 i.V.m. § 1177). Mit Entstehen der Forderung verwandelt sich die Eigentümergrundschuld in die eingetragene Hypothek.

2. Welche zwei Formen der Hypothek gibt es?

Buchhypothek und Briefhypothek.

3. Welche Form ist der gesetzliche Regelfall?

Die Briefhypothek.

4. Muss die Briefhypothek bei der Bestellung ins Grundbuch eingetragen werden.

Ja, lediglich bei der Übertragung einer Briefhypothek ist die Grundbucheintragung entbehrlich.

5. Wer erteilt den Hypothekenbrief?

Das Grundbuchamt.

6. Was sind die Voraussetzungen der Bestellung einer Briefhypothek?

Bestehen einer zu sichernden Forderung (§ 1113), dingliche Einigung (§ 873 I Var. 2) mit dem Inhalt der §§ 1113, 1116, Eintragung (§ 873 I) mit dem Inhalt des § 1115, Einigsein bei Eintragung (§ 873 II), Übergabe des Briefes (§ 1117), Berechtigung des Bestellers.

7. Was sind die Voraussetzungen der Bestellung einer Buchhypothek?

Bestehen einer zu sichernden Forderung (§ 1113), dingliche Einigung (§ 873 I Var. 2) mit dem Inhalt der §§ 1113, 1116, Eintragung (§ 873 I) mit dem Inhalt des § 1115, Einigsein bei Eintragung (§ 873 II), Eintragung des Ausschlusses nach § 1116 II 1, Berechtigung des Bestellers.

8. Wann ist ein gutgläubiger Ersterwerb einer Hypothek möglich?

Der Verfügende muss als Eigentümer im Grundbuch eingetragen sein (§ 892 I) und der Erwerber darf weder Kenntnis von der Nichtberechtigung des Veräußerers haben noch darf ein Widerspruch eingetragen sein (§§ 892 I, 891).

9. Wie wird eine Hypothek übertragen?

Durch Abtretung der gesicherten Forderung (§§ 398, 401).

10. Was sind die Voraussetzungen der Übertragung einer Briefhypothek?

Abtretung der gesicherten Forderung (§§ 398, 401) in der Form des § 1154 I, II, Übergabe des Hypothekenbriefs (§ 1117), Berechtigung des Abtretenden.

11. Was sind die Voraussetzungen der Übertragung einer Buchhypothek?

Abtretung der gesicherten Forderung (§§ 398, 401) in der Form des § 1154 I, II, Eintragung des Erwerbers ins Grundbuch (§ 873 I Var. 3), Berechtigung des Abtretenden.

12. Welche Konstellationen des gutgläubigen Zweiterwerbs sind zu unterscheiden?

Man muss unterscheiden, ob der Mangel im dinglichen Recht oder in der Forderung liegt (oder in beidem).

Fehlt die Berechtigung bezüglich der Hypothek ist gutgläubiger Erwerb möglich, wenn der Verfügende als Hypothekar im Grundbuch eingetragen (§ 892 I) oder durch eine Kette beglaubigter Abtretungserklärungen ausgewiesen ist (§ 1155) und der Erwerber keine Kenntnis von der Nichtberechtigung hat und kein Widerspruch eingetragen ist (§§ 892 I, 891).

Liegt der Mangel in der Forderung, ist gutgläubiger Erwerb der Hypothek nach §§ 1138 Var.1, 892 I möglich, wenn der Erwerber bezüglich Forderung gutgläubig war, also nicht wusste, dass der Abtretende nicht Forderungsinhaber war.

D. Verteidigung (Einwendungen) gegen die Hypothek

Der Eigentümer kann sich gegen den Duldungsanspruch des Hypothekengläubigers mit Einreden, also Gegenrechten, verteidigen. Die Einrede hemmt nur die Durchsetzung des Anspruchs, sie lässt also nicht die Hypothek entfallen. Die Einrede muss im Prozess geltend gemacht werden, um berücksichtigt zu werden (im Gegensatz zur Einwendung, die von Amts wegen berücksichtigt wird).

Dabei sind zwei Arten von Einreden zu unterscheiden:

1. Einreden aus der Geldforderung (§ 1137) – sog. forderungsbezogene Einreden und

2. Einreden direkt gegen die Hypothek (§ 1157) – sog. pfandrechtsbezogene Einreden.

Zu 1.) Der Eigentümer kann alle Einreden geltend machen, die dem persönlichen Schuldner gegen die Forderung zustehen. Er kann also auch die *forderungsbezogenen Einreden* erheben. Das steht in § 1137. Wichtig ist das insbesondere, wenn Eigentümer und persönlicher Schuldner auseinander fallen.

Vergleichbar ist diese Konstellation mit der des Bürgen. Der Bürge kann auch alle Einreden des Hauptschuldners gegen den Gläubiger geltend machen. Es soll nicht so sein, dass der Sicherungsgeber (Bürge oder Hypothekenschuldner) haften muss, obwohl der persönliche Schuldner noch eine Verteidigungsmöglichkeit gehabt hätte. Daher gibt man dem Hypothekenschuldner und dem Bürgen die Möglichkeit, alle Einwendungen zu erheben, die der Hauptschuldner erheben könnte.

Die wichtigsten Einreden gegen die Forderung sind die Einreden der Stundung, des Zurückbehaltungsrechts (§ 273), der Bereicherung (§ 821) und des nichterfüllten Vertrages (§ 320).

Die Einrede der Verjährung nach § 216 I fällt allerdings nicht darunter. Der Eigentümer kann sich also nicht darauf berufen, dass die Forderung verjährt sei.

Wenn § 1137 I 1 auf das Bürgschaftsrecht, nämlich § 770 verweist, so heißt das nur, dass der Eigentümer auch in dem Fall eine Einrede gegen den Hypothekar hat, wenn der Vertrag, aus dem die gesicherte Forderung entspringt, infolge einer Anfechtung von Anfang an (ex tunc) nach § 142 I unwirksam war. Das gleiche gilt, wenn der persönliche Schuldner ein Rücktrittsrecht hat. Auch dann kann der Eigentümer dem Hypothekar eine Einrede entgegenhalten.

Der Anspruch auf Duldung der Zwangsvollstreckung aus § 1147 ist erst fällig, wenn auch die Forderung fällig ist, die die Hypothek sichert.

Wenn der persönliche Schuldner auf eine Einrede verzichtet hat, steht diese Einrede dem Eigentümer trotzdem noch zu. Dies ergibt sich aus § 1137 II.

Zu 2.) Zu den *pfandrechtsbezogenen Einreden*, die der Grundstückseigentümer direkt geltend machen kann, zählt die Stundung. Diese muss allerdings im Grundbauch eingetragen werden, damit sie zugunsten jedes Eigentümers wirkt. Achtung: Diese Stundung gegenüber dem Eigentümer hat nicht zugleich die Stundung gegenüber dem persönlichen Schuldner zur Folge. Hier ist streng zu trennen.

Die Einreden des Eigentümers des Grundstücks können auch dann vorgebracht werden, wenn die gesicherte Forderung an einen anderen Gläubiger abgetreten wird. Dies ist eigentlich selbstverständlich und bereits in §§ 404, 412, 413 verankert. § 1157 S.1 stellt es aber nochmals klar.

Selbstverständlich können dem Eigentümer auch **rechtshindernde** *Einwendungen* zustehen, wenn er die Wirksamkeit des dinglichen Rechts anzweifelt. Er kann etwa geltend machen, dass die Einigung über die Bestellung der Hypothek nach § 873 nichtig war oder dass die Hypothek nicht im Grundbuch eingetragen wurde oder dass der Hypothekenbrief nicht übergeben wurde.

Was passiert, wenn der Erwerber einer mit Einreden behafteten Hypothek diese erwirbt, ohne dass von den Einreden etwas im Grundbuch steht? Kann er die Hypothek dann **gutgläubig-einredefrei** erwerben? Er kann. Das ergibt sich hinsichtlich der forderungsbezogenen Einreden aus § 1138, der auch „in Ansehung der dem Eigentümer nach § 1137 zustehenden Einreden" gilt. Für die pfandrechtsbezogenen Einreden ist § 1157 S. 2 die richtige Vorschrift. § 1157 erklärt nämlich § 892, also den Gutglaubensschutz für anwendbar.

Der gutgläubig-einredefreie Erwerb läuft also strukturell genauso ab wie der gutgläubige Zweiterwerb der Hypothek selbst.

E. Der Haftungsverband der Hypothek

Nachdem wir nun verstanden haben, wie eine Hypothek bestellt und übertragen wird, ist es interessant zu erfahren, wie weit der Umfang der Hypothek reicht. Wir wissen zwar, dass der Hypothekengläubiger die Zwangsvollstreckung in das Grundstück dulden muss, aber was heißt das konkret? Haftet nur das Grundstück für die Forderung oder auch alles, was sich auf dem Grundstück befindet? Diese Fragen werden unter dem Schlagwort „Haftungsverband der Hypothek" erörtert.

Das Grundstück haftet zunächst mit seinen wesentlichen Bestandteilen nach § 94. Das ergibt sich aus § 1113 I.

Ferner haften nach § 1120 grundsätzlich auch die Erzeugnisse, Bestandteile und das Grundstückszubehör, das sich auf dem Grundstück selbst befindet. Zubehör ist in § 97 definiert, nämlich Sachen, die dem wirtschaftlichen Zweck der Hauptsache dienen und im räumlichen Verhältnis zur Hauptsache stehen, aber nicht Bestandteil der Hauptsache sind. Von der Haftung nach § 1120 sind die Zubehörstücke nicht nur erfasst, wenn sie im Eigentum des Grundstücksinhabers stehen, sondern auch dann, wenn dieser nur ein Anwartschaftsrecht auf das Eigentum hat. Das Anwartschaftsrecht an Zubehörstücken fällt also auch unter § 1120. Diese Konstellation spielt nicht selten in Klausuren eine Rolle, in denen es um den Haftungsverband nach § 1120 geht.

Der Haftungsverband der Hypothek umfasst...

Grundstück (§ 1113 I)	alle Bestandteile einschl. der Erzeugnisse (§ 1120), selbst bei Trennung	Zubehör (1120), auch das Anwartschaftsrecht daran	Miet- und Pachtzinsforderungen (§ 1123 I)	Versicherungsforderungen (§ 1127 I)

Was passiert, wenn Zubehör von Grundstück entfernt wird oder wenn wesentliche Bestandteile des Grundstücks entfernt werden? Können Zubehör und Erzeugnisse gutgläubig von Dritten erworben werden?

Gegenstände, die dem Haftungsverband der Hypothek grundsätzlich unterliegen, können auch wieder frei werden. Das nennt man **Enthaftung**.

Eine Enthaftung tritt ein, wenn die Verbindung zwischen der Sache und dem Grundstück aufgelöst wird. Der Zusammenhang zwischen der Sache und dem Grundstück kann durch *Veräußerung und Entfernung* (§ 1121) oder Entfernung *ohne Veräußerung* (§ 1122) gelöst werden. Veräußerung meint die Veräußerung der Sache ohne gleichzeitige Veräußerung des Grundstücks.

Für die Frage der Enthaftung kommt es wesentlich auf die Reihenfolge von Beschlagnahme, Entfernung der Sache vom Grundstück und, sofern die Sache veräußert wurde, dem Rechtsgeschäft der Veräußerung an.

Was heißt Beschlagnahme? Die Beschlagnahme ist der Moment, in dem die Zwangsversteigerung (§ 20 ZVG) oder Zwangsverwaltung (§ 148 ZVG) angeordnet wird (bei der Zwangsversteigerung wird der Gläubiger durch den Erlös befriedigt, den das Grundstück erbringt; bei der Zwangsverwaltung wird er aus den Nutzungen des Grundstücks, also z.b. bei einer Vermietung aus dem Mietzins, befriedigt).

Wenn Veräußerung und Entfernung vor der Beschlagnahme erfolgen, gibt es kein Problem. Dann werden sie aus dem Haftungsverband der Hypothek frei. Das sind also folgende Fälle:

Veräußerung – Entfernung – *Beschlagnahme:* 1121 I

Entfernung – Veräußerung – *Beschlagnahme* : 1121 I

Entfernung – *Beschlagnahme*: § 1122

In den Konstellationen

Beschlagnahme – Entfernung – Veräußerung

Entfernung – *Beschlagnahme* – Veräußerung

kann gutgläubig-lastenfreier Erwerb nach §§ 135 II, 136, 936 stattfinden. Warum gutgläubiger Erwerb? Die Beschlagnahme bewirkt, dass die der Haftung unterliegenden Gegenstände nicht mehr veräußert werden dürfen (sog. relatives Veräußerungsverbot nach §§ 135, 136; siehe 23 I 1 ZVG bzw. §§ 146, 23 I 1 ZVG). Der Grundstückseigentümer ist also hinsichtlich dieser Sachen nicht mehr verfügungsberechtigt. Sein Eigentum an den Sachen ist belastet. Unbelastetes Eigentum kann der Erwerber nur dann erlangen, wenn er sie Sache nach §§ 135, 136, 936 gutgläubig-lastenfrei erwirbt. Dabei kommt es bei der Frage der Gutgläubigkeit nur darauf an, ob der Erwerber wusste oder wissen musste (§ 932 II), dass die Sache zum Haftungsverband der Hypothek gehört. Dabei muss der gute Glaube auch noch im Zeitpunkt der Veräußerung vorliegen.

Liegt die Entfernung zeitlich nach der Beschlagnahme, ist eine Enthaftung nur bei Gutgläubigkeit des Erwerbers möglich. In den Fällen

Beschlagnahme – Veräußerung – Entfernung

Veräußerung – *Beschlagnahme* – Entfernung

tritt eine Enthaftung nur ein, wenn der Erwerber gutgläubig-lastenfrei das Eigentum an der Sache erworben hat. § 936 ist nicht anwendbar, sondern wird durch § 1121 II 2 modifiziert. Die Gutgläubigkeit im Zeitpunkt der Entfernung muss sich auf die Beschlagnahme beziehen (und nicht wie bei § 936 auf die Zugehörigkeit der Sache zum Haftungsverband). Der Erwerber darf also nicht wissen oder wissen müssen, dass eine Beschlagnahme erfolgt ist. Nach § 23 II ZVG machen bereits die Kenntnis des Vollstreckungsantrags oder die Eintragung des Versteigerungsvermerks bösgläubig. Dies ist eine beliebte Klausurvariante.

Grundsätzlich kann man sich als Faustregel merken:

1. Auf Gutgläubigkeit kommt es nur an, wenn von den beiden Phasen Veräußerung und Entfernung mindestens eine nach der Beschlagnahme liegt.

2. Ist die Entfernung der letzte Akt, erfolgt der gutgläubig lastenfreie Erwerb nach § 1121 II 2, liegt die Veräußerung am Schluss, sind §§ 135 II, 136, 936 anwendbar.

3. Für den Zeitpunkt der Gutgläubigkeit ist immer der letzte Akt maßgeblich.

Übungsfall

Sachverhalt

Rechtsanwalt R will seine auf seinem eigenen Grundstück geführte Kanzlei mit neuen Büromöbeln und einer neuen Computeranlage ausstatten. Zur Finanzierung nimmt er bei seiner Bank (B) ein Darlehen über 20.000 Euro auf und bestellt ihr in gleicher Höhe eine Hypothek an dem Grundstück. Seine alte Computeranlage veräußert R Anfang September an einen jungen aufstrebenden Kollegen (K), der sie in der Folgezeit abholen will. Plötzlich gerät R in Finanzschwierigkeiten, was dazu führt, dass die Bank am 16.09. die Zwangsversteigerung in das Grundstück beantragt. K holt die Computeranlage am 20.09. ab. Zu dieser Zeit war bereits ein Versteigerungsvermerk eingetragen, von dem K allerdings nicht wusste.

Kann B in die Computeranlage vollstrecken?

Lösung

B kann in die Computeranlage vollstrecken, wenn er Inhaber einer Hypothek ist, und die Computeranlage zum Haftungsverband der Hypothek gehört.

1. B hat eine Hypothek durch Bestellung seitens R sowie durch Eintragung gem. §§ 873, 1113 I erworben.

2. Grundsätzlich ist von der Haftung der Hypothek neben dem Grundstück auch das im Eigentum des Grundstückseigentümers stehende Grundstückszubehör umfasst (§ 1120 Var. 2). Die Computeranlage stand im Eigentum des R. Fraglich ist, ob es sich bei der Computeranlage um Zubehör handelt.

a) Zubehör sind nach § 97 Sachen, die, ohne wesentliche Bestandteile zu sein, im räumlichen Näheverhältnis zum Grundstück stehen, und diesem auf Dauer dienen sollen.

aa) Indem die Computeranlage ohne Zerstörung oder Veränderung vom Grundstück getrennt werden kann, liegt kein wesentlicher Bestandteil nach § 93 vor.

bb) Die Anlage stand auf dem Grundstück und damit im besonderen Näheverhältnis dazu.

cc) Sie sollte dem Grundstück auch auf Dauer wirtschaftlich dienen.

b) Folglich handelte es sich bei der Computeranlage um Zubehör.

3. Es könnte allerdings eine Enthaftung eingetreten sein. Eine Enthaftung tritt ein, wenn die Verbindung zwischen der Sache und dem Grundstück aufgelöst wird. Der Zusammenhang zwischen der Sache und dem Grundstück kann durch Veräußerung und Entfernung (§ 1121) gelöst werden. Fraglich ist, ob Enthaftung eingetreten ist, indem die Anlage an K veräußert und sie durch diesen vom Grundstück entfernt wurde.

a) § 1121 I setzt allerdings die Veräußerung und Entfernung zeitlich vor der Beschlagnahme (§ 20 ZVG) voraus. Im Zeitpunkt der Entfernung der Computeranlage war der Versteigerungsvermerk eingetragen. Die Zwangsversteigerung war schon angeordnet. Die räumliche Trennung von Grundstück und Anlage war folglich für § 1121 I zu spät. Daher kommt eine Enthaftung nach § 1121 I nicht in Frage.

b) K könnte das Eigentum an der Computeranlage allerdings gutgläubig erworben haben, was dazu führen würde, dass die Computeranlage nicht mehr Teil des Haftungsverbands nach §§ 1120 ff. wäre.

aa) K und R haben sich dinglich über den Eigentumsübergang an der Anlage nach § 929 S.1 geeinigt. Es erfolgte auch eine Übergabe und K und R waren sich im Zeitpunkt der Übergabe über den Eigentumsübergang einig.

bb) R müsste zur Übereignung berechtigt gewesen sein. Er war zwar Eigentümer. Infolge der Beschlagnahme (§ 20 ZVG) unterlag er allerdings einer relativen Verfügungsbeschränkung gem. § 23 I 1 ZVG i.V.m. §§ 135, 136 BGB. R war daher Nichtberechtigter.

cc) Es kommt allerdings ein gutgläubig-lastenfreier Erwerb des K in Frage. § 936 ist nicht anwendbar, sondern wird durch § 1121 II 2 modifiziert. Die Gutgläubigkeit im Zeitpunkt der Entfernung muss sich auf die Beschlagnahme beziehen und nicht wie bei § 936 auf die Zugehörigkeit der Sache zum Haftungsverband. K darf also weder wissen, dass eine Beschlagnahme erfolgt ist, noch darf ihm diese Tatsache infolge von Fahrlässigkeit unbekannt sein. K wusste nichts von der Beschlagnahme und musste davon auch nichts wissen. Er war also gutgläubig. Allerdings ist ein Gutglaubenserwerb nur bis zur Eintragung des Zwangsversteigerungsvermerks im Grundbuch (§ 23 II 2 ZVG) möglich. Daher scheidet ein gutgläubig-lastenfreier Erwerb aus.

c) Eine Enthaftung gem. § 23 I 2 ZVG könnte unabhängig vom guten Glauben erfolgt sein. Dazu muss nach § 23 I 2 ZVG eine Verfügung über einzelne Gegenstände im Rahmen ordnungsgemäßer Wirtschaft erfolgt sein. Die Veräußerung einer Computeranlage ist nicht Teil des ordentlichen Geschäftsbetriebs. Daher ist keine Enthaftung eingetreten.

4. Ergebnis: B kann in die Computeranlage vollstrecken.

F. Übergang der Hypothek bei Zahlung auf Hypothek und Forderung

Geklärt werden muss noch, was mit der Hypothek passiert, wenn auf die Forderung des Hypothekengläubigers gezahlt wird.

Der persönliche Schuldner wird auf seine persönliche Schuld zahlen. Der Eigentümer muss eventuell die Zwangsvollstreckung aus der Hypothek dulden. Deshalb räumt § 1142 dem Eigentümer als dinglichem Schuldner das Recht ein, auf die <u>Hypothek</u> zu zahlen, um so die Zwangsvollstreckung abzuwenden. Es kann allerdings sein, dass sich Eigentümer und persönlicher Schuldner intern geeinigt haben, dass der Eigentümer verpflichtet sein soll, den persönlichen Schuldner im Ernstfall freizustellen. Dann ist die Zahlung des Eigentümers eine Leistung durch einen Dritten gemäß § 267 an den Hypothekar.

Folglich sind bei der Zahlung mehrere Fälle zu unterscheiden, und zwar danach,

- ob persönlicher und dinglicher Schuldner eine oder zwei Personen sind,
- wer bezahlen müsste (wer also im Endeffekt die Last der Zahlung tragen soll)
- wer tatsächlich bezahlt

Kombiniert man diese Kriterien, erhält man folgende Tabelle:

Personen-identität	Personenverschiedenheit			
	Persönlicher Schuldner soll die Last tragen		Dinglicher Schuldner (Grundstückseigentümer) soll die Last tragen	
	Persönlicher Schuldner bezahlt	Dinglicher Schuldner bezahlt	Persönlicher Schuldner bezahlt	Dinglicher Schuldner bezahlt
s.u. unter I.	s.u. unter II.	s.u. unter III.	s.u. unter IV.	s.u. unter V.

Es empfiehlt sich, die folgenden Varianten Schritt für Schritt anhand des Gesetzes nachzuvollziehen. Hier ist etwas Ausdauer gefragt, die Mühe lohnt sich aber.

Zu I.)

Wenn persönlicher und dinglicher Schuldner eine Person sind, gibt es keine Schwierigkeiten. Der Schuldner zahlt dann automatisch auf seine persönliche Schuld. Die Forderung erlischt gem. § 362 I. Die Hypothek fällt ihm gem. § 1163 I 2, 1177 I 1 als Eigentümergrundschuld zu. Die Rangstelle bleibt erhalten.

Zu II.)

Wenn der persönliche Schuldner zahlt und dieser auch letztlich die Last tragen soll, passiert dasselbe wie bei I., also die Forderung erlischt gem. § 362 I, und die Hypothek fällt dem persönlichen Schuldner gem. § 1163 I 2, 1177 I 1 als Eigentümergrundschuld zu. Die Rangstelle bleibt erhalten.

Zu III.)

Wenn der dingliche Schuldner zahlt, so geht die gesicherte Forderung auf ihn gem. § 1143 I 1 über. Es findet ein Gläubigerwechsel statt. Anstelle des Hypothekengläubigers wird nun der Eigentümer neuer Gläubiger der Forderung gegen den persönlichen Schuldner. Die Hypothek folgt gem. § 1153 I 1 und wird in der Hand des Eigentümers zur Eigentümerhypothek gem. § 1177 II. Die Zwangsvollstreckung gegen sich selbst kann der Eigentümer zwar nicht einleiten (§ 1197 schließt das aus). Allerdings können Forderung und Hypothek im Verbund übertragen werden. Dann entstünde wieder eine Fremdhypothek.

Zu IV.)

Wenn der persönliche Schuldner zahlt, er mit dem Eigentümer aber intern vereinbart hat, dass dieser die Zahlungslast tragen muss (etwa weil es ein Geschenk sein soll), erlischt die persönliche Schuld nach § 362 I. Die Hypothek geht gem. § 1164 I 1 auf den persönlichen Schuldner über und sichert nun seine Forderung gegen den Eigentümer. Die mit der Hypothek verbundene Forderung wurde also von Gesetzes wegen ausgetauscht.

Zu V.)

Wenn der dingliche Schuldner zahlt und dieser wegen eines Vertrags mit dem persönlichen Schuldner die Zahlungslast tragen muss, so wird § 1143 angewandt, obwohl das Gesetz nur die oben unter III. aufgeführte Konstellation im Auge hatte. Der Eigentümer erwirbt die Forderung im Wege des gesetzlichen Forderungsübergangs nach § 1143 I. Die Hypothek folgt der Forderung gem. § 1153 I.

Der Anspruch besteht aber deswegen nicht mehr, da ihm die dauernde Arglisteinrede des persönlichen Schuldners entgegensteht. Schließlich soll den dinglichen Schuldner die Last treffen. Die Forderung erlischt daher gem. § 1163 I 2, und es entsteht eine Eigentümergrundschuld.

Sachverhalt

Teeliebhaber T hat eine Geschäftsidee: Er möchte in Deutschland Roiboos-Tee auf einer Plantage anbauen. Sein Vater V stellt ihm dazu ein geeignetes Grundstück pachtweise zur Verfügung. Da T einen Kredit von seiner Bank B benötigt, bestellt V zur Sicherung des Kredits eine Hypothek in Höhe von 40.000 Euro an seinem Grundstück. V macht T allerdings deutlich, dass die Bestellung der Hypothek kein Geschenk sei.

T muss nach einiger Zeit leider feststellen, dass in Deutschland kein Roiboos-Tee gedeiht. Er kann den Kredit nicht mehr zurückzahlen. B droht V mit der Zwangsversteigerung des Grundstücks. Um die Versteigerung abzuwenden, tilgt V – gegen den Willen des T – die Restschuld des T bei B in Höhe von 35.000 Euro. Auch B sieht die Leistung des V nicht als Erfüllung an. Sie ist an einer Zwangsversteigerung interessiert, da sie das Grundstück gerne erwerben möchte.

Frage 1: Kann V den T in Regress nehmen?

Frage 2: Kann aus der Hypothek noch vollstreckt werden?

Lösung

Frage 1:

Anspruch des V gegen T aus §§ 488 I 2, 1143 I 1

V könnte gegen T einen Anspruch auf Zahlung von 35.000 Euro aus §§ 488 I 2, 1143 I 1 haben. Dazu müsste ein Darlehensanspruch bestehen und dieser auf V übergegangen sein.

1. Ein Darlehensvertrag wurde zwischen T und B geschlossen. V war nicht Gläubiger des Darlehensvertrages. Er könnte die Forderung der B gegen T allerdings im Wege des gesetzlichen Forderungsübergangs erlangt haben. In Betracht kommt ein Erwerb nach § 1143 I 1.

a) Dazu muss V Eigentümer eines mit einer Hypothek belasteten Grundstücks sein. Es muss also eine wirksame Hypothek bestehen. Die Entstehung einer Hypothek setzt eine gesicherte Forderung voraus. Im vorliegenden Fall sollte die Darlehensforderung der B gegen V gesichert werden. B und V haben sich gemäß § 873 I Var. 2 mit dem Inhalt der §§ 1113, 1116 über die Bestellung einer Hypothek geeinigt, und die Hypothek wurde auch nach § 873 I eingetragen. Von einer Briefübergabe nach § 1117 ist auszugehen. Schließlich war V als Eigentümer des Grundstücks auch zur Bestellung einer Hypothek berechtigt.

Eine Hypothek ist also entstanden. V war dinglicher Schuldner dieser Hypothek.

b) Voraussetzung für einen Forderungsübergang nach § 1143 I 1 ist, dass der Eigentümer nicht der persönliche Schuldner ist. Eigentümer war V, der Schuldner der Kreditforderung war T. Folglich fallen dinglicher und persönlicher Schuldner auseinander.

c) Der Eigentümer muss den Gläubiger befriedigt haben.

aa) Durch die Zahlung des V an B könnte die Darlehensforderung aus § 488 I 2 nach § 362 I erfüllt worden sein. Problematisch ist jedoch, dass V nicht Schuldner der Darlehensforderung ist.

bb) Dritte können grundsätzlich nach § 267 I auch auf fremde Schulden befreiend leisten. Eine Einschränkung ergibt sich allerdings aus § 267 II. Danach ist eine Leistung durch Dritte nicht gegen den entgegenstehenden Willen des Schuldners und Gläubigers möglich. T wollte nicht, dass V die Schulden bei der B tilgt. Auch B hat die Leistung des V abgelehnt. Nach § 267 II konnte V daher nicht mit befreiender Wirkung an B leisten.

cc) Dies würde indes dazu führen, dass ein Hypothekengläubiger die Zwangsversteigerung seines Grundstücks dulden müsste, wenn der persönliche Schuldner mit einer Tilgung durch den Eigentümer nicht einverstanden wäre.

dd) Etwas anderes könnte sich aus § 1142 I ergeben. Diese Norm gibt dem Eigentümer und dinglichen Schuldner der Hypothek ein Befriedigungsrecht. § 1142 I modifiziert insofern § 267 II. Als Ablösungsberechtigter ist V nicht Dritter im Sinne des § 267.

Daher konnte V vorliegend mit befreiender Leistung an B zahlen.

d) V hat als dinglicher Schuldner die persönliche Schuld des T beglichen. Gegenüber T war er zu dieser Zahlung nicht verpflichtet. Folglich geht die gesicherte Forderung auf ihn gem. § 1143 I 1 über. Es findet ein Gläubigerwechsel statt. Anstelle des Hypothekengläubigers wird nun V als Eigentümer neuer Gläubiger der Forderung gegen T.

Ergebnis: V hat einen Anspruch gegen T auf Zahlung von 35.000 Euro aus §§ 488 I 2, 1143 I 1.

Frage 1:

Um zu ergründen, ob aus der Hypothek vollstreckt werden kann, muss zunächst festgestellt werden, wer Hypothekengläubiger und wer Hypothekenschuldner ist.

1. Zunächst war V dinglicher Schuldner der Hypothek. Gläubigerin war B.

2. Durch die Zahlung auf die Hypothek nach § 1142 I ging die Forderung der B gegen T nach § 1143 I 1 auf V über. Forderung und Hypothek sind akzessorisch. Wer Gläubiger der Forderung ist, ist auch Gläubiger der Hypothek. Die Hypothek folgt der Forderung also gem. § 1153 I 1. Damit ist V Inhaber der Hypothek geworden.

3. In der der Hand des Eigentümers wird eine Hypothek gem. § 1177 II zur Eigentümerhypothek. V ist damit gleichzeitig Schuldner und Gläubiger einer Hypothek. Nach § 1197 ist eine Zwangsvollstreckung des Eigentümers gegen sich selbst unmöglich.

Aus der Hypothek kann also vorerst nicht vollstreckt werden. Eine Vollstreckung ist erst wieder möglich, nachdem Forderung und Hypothek im Verbund übertragen wurden und eine Fremdhypothek entstanden ist.

1. Welche Einreden gegen die Hypothek unterscheidet man?

Man unterscheidet forderungsbezogene Einreden (§ 1137) und pfandrechtsbezogene Einreden (§ 1157) .

2. Kann eine Hypothek auch gutgläubig-einredefrei erworben werden?

Ja.

3. Welche Vorschriften sind für den gutgläubig - einredefreien Erwerb einschlägig?

Hinsichtlich der forderungsbezogenen Einreden: § 1138.
Für die pfandrechtsbezogenen Einreden ist § 1157 S. 2 einschlägig.

4. Was gehört zum Haftungsverband der Hypothek?

Nach § 1120 gehören neben dem Grundstück die Erzeugnisse, Bestandteile und das Grundstückszubehör dazu. Ferner sind Miet- und Pachtzinsforderungen (§ 1123 I) und Versicherungsforderungen (§ 1127 I) Teil des Haftungsverbands.

5. Was versteht man unter „Enthaftung"?

Das Freiwerden von Gegenständen, die dem Haftungsverband der Hypothek grundsätzlich unterliegen, aus diesem Verband.

6. Wann kommt es für die Enthaftung auf die Gutgläubigkeit des Erwerbers an?

Wenn die Veräußerung und/oder die Entfernung zeitlich nach der Beschlagnahme liegen.

7. Ist für den Zeitpunkt der Gutgläubigeit auf die Veräußerung oder die Entfernung abzustellen?

Je nachdem, was später erfolgt.

8. Kann der dingliche Schuldner die Forderung des persönlichen Schuldners begleichen?

Ja, es handelt sich dann um eine Zahlung durch Dritte nach § 267.

9. Was könnte die Motivation eines dinglichen Schuldners sein, die Forderung zu begleichen?

Entweder will er die Zwangsvollstreckung in sein Grundstück abwenden oder er hat mit dem persönlichen Schuldner vereinbart, dass er (der dingliche Schuldner) die Zahlungslast trägt, etwa weil es ein Geschenk sein soll.

10. Was passiert mit der Hypothek, wenn der dingliche Schuldner ohne Verpflichtung gegenüber dem persönlichen Schuldner auf die Forderung zahlt, um die Zwangsvollstreckung in sein Grundstück abzuwenden?

Die gesicherte Forderung geht auf den dinglichen Schuldner gem. § 1143 I 1 über. Es findet ein Gläubigerwechsel statt. Die Hypothek folgt gem. § 1153 I 1 und wird zur Eigentümerhypothek gem. § 1177 II.

11. Was passiert mit der Hypothek, wenn der persönliche Schuldner, der auch Eigentümer des belasteten Grundstücks ist, die Forderung begleicht?

Die Forderung erlischt gem. § 362 I. Die Hypothek fällt ihm gem. § 1163 I 2, 1177 I 1 als Eigentümergrundschuld zu. Die Rangstelle bleibt erhalten.

12. Was passiert mit der Hypothek, wenn der persönliche Schuldner die Forderung begleicht, der dingliche Schuldner aber die Zahlungslast tragen muss?

Die persönliche Schuld erlischt nach § 362 I. Die Hypothek geht gem. § 1164 I 1 auf den persönlichen Schuldner über und sichert nun seine Forderung gegen den Eigentümer.

13. Was passiert mit der Hypothek, wenn der dingliche Schuldner die Forderung begleicht und er auch die Zahlungslast tragen muss?

Der Eigentümer erwirbt die Forderung im Wege des gesetzlichen Forderungsübergangs nach § 1143 I. Die Hypothek folgt der Forderung gem. § 1153 I. Der Anspruch besteht aber nicht mehr, da ihm die dauernde Arglisteinrede des persönlichen Schuldners entgegensteht. Die Forderung erlischt daher gem. § 1163 I 2, und es entsteht eine Eigentümergrundschuld.

10. Kapitel:
Das Recht der Grundschuld

A. Grundsätzliche Unterschiede zwischen Hypothek und Grundschuld

Die Grundschuld ist ebenso wie die Hypothek ein Grundpfandrecht. Da das Recht der Grundschuld wegen des Verweises in § 1192 I auf das Hypothekenrecht verweist, wird in diesem Kapitel nur noch auf die Abweichungen zum Hypothekenrecht eingegangen.

Neben der Sicherungsgrundschuld, die eine Forderung sichert, existiert die isolierte Grundschuld, der keine Forderung zugrunde liegt. Da die isolierte Grundschuld praktisch selten ist und in Klausuren kaum eine Rolle spielt, konzentrieren wir uns hier auf die praktisch wichtige und klausurträchtige Sicherungsgrundschuld.

Die Sicherungsgrundschuld ist aus der Sicht des Kreditgebers praktisch besser zur Sicherung eines Kredits geeignet als die Hypothek. Das hängt damit zusammen, dass die Grundschuld nicht wie die Hypothek an eine Forderung rechtlich gefesselt ist. Wenn eine Forderung durch eine Grundschuld abgesichert ist, besteht zwischen beiden zwar ein wirtschaftlicher, aber kein unmittelbarer rechtlicher Zusammenhang.

Die Funktion, die das Akzessorietätsprinzip für die Hypothek hat, übernimmt bei der Sicherungsgrundschuld die so genannte **Sicherungsabrede**. In der Sicherungsabrede verpflichtet sich der Sicherungsgeber, eine Grundschuld zu bestellen. In der Sicherungsabrede vereinbaren die Parteien, dass der Gläubiger aus der Grundschuld erst vorgehen darf, wenn die gesicherte, fällige und durchsetzbare Forderung nicht erfüllt wird (die Grundschuld darf also nur zur Sicherung der Forderung verwendet werden). In der Sicherungsabrede steht auch, was passiert, wenn die Forderung, die die Grundschuld sichert, beglichen wird. In diesen Fällen wird meistens eine Pflicht des Kreditgebers vereinbart, die Grundschuld an den Eigentümer zurück zu übertragen.

Soweit sich aus der Rechtsnatur der Grundschuld nicht anderes ergibt, sind die Vorschriften der Hypothek anwendbar. Das steht in § 1192 I. Nicht anwendbar sind dagegen die Hypothekenvorschriften, die auf der Untrennbarkeit von Forderung und Hypothek beruhen. Es lohnt sich diese im Gesetz zu markieren, damit man in einem Fall, in dem es um eine Grundschuld geht, nicht versehentlich eine falsche Vorschrift anwendet.

Folgende Normen des Hypothekenrechts sind auf die Grundschuld *nicht anwendbar*:

§§ 1113, 1137, 1138, 1139, 1141, 1143, 1153, 1161, 1163 – 1167, 1172, 1173 I 2, 1174, 1177, 1180, 1184 – 1187, 1190.

B. Die Bestellung der Grundschuld

Die Bestellung der Grundschuld erfolgt ähnlich wie die Bestellung der Hypothek. Im Gegensatz zur Hypothek setzt die Entstehung der Grundschuld keine Forderung voraus (auch dann nicht, wenn eine Sicherungsgrundschuld bestellt wird).

Im Zusammenhang mit einer Grundschuldbestellung, sind drei Rechtsgeschäfte zu unterscheiden, die strikt zu trennen sind:

1. Der Darlehensvertrag, aus dem die zu sichernde Forderung stammt.

2. Der Sicherungsvertrag (Sicherungsabrede), die u.a. die Verpflichtung zur Grundschuldbestellung enthält.

3. Die dingliche Einigung (Vertrag), über die Bestellung einer Grundschuld, mit der die Verpflichtung aus dem Sicherungsvertrag erfüllt wird.

Die drei Verträge sind voneinander getrennt. Es gilt das Abstraktionsprinzip. Ist also etwa die Sicherungsabrede nichtig, aber die Grundschuld dennoch bestellt, ist die Grundschuld wirksam entstanden. Es besteht lediglich ein schuldrechtlicher Anspruch des Grundstückseigentümers gegen den Grundschuldgläubiger aus § 812 I 1 Var. 1.

Die Grundschuld entsteht durch dingliche Einigung und Eintragung. Die Einigung erfolgt gemäß § 873 I Var. 2. Wenn eine Buchgrundschuld bestellt werden soll, muss das Teil der Einigung sein (§§ 1192 I, 1116 II). Die Eintragung erfolgt gemäß § 873 I mit dem Inhalt der §§ 1192 I, 1115 I. Eingetragen werden der Gläubiger der Grundschuld, der Geldbetrag und der Zinssatz. Eine zu sichernde Forderung darf *nicht* eingetragen werden. Ein solcher Eintrag wäre ohne Wirkung.

Wie bei der Hypothek gibt es auch bei der Grundschuld Buchpfandrecht und Briefpfandrecht. Bei einer Briefgrundschuld muss der Grundschuldbrief übergeben werden (§§ 1192 I, 1117), bei einer Buchgrundschuld muss der Ausschluss des Briefes im Grundbuch eingetragen werden (§§ 1192 I, 1116 II 1).

Die Parteien müssen sich auch noch im Zeitpunkt der Eintragung einig sein (§ 873 II), und der Besteller der Grundschuld muss zur Bestellung berechtigt sein, also entweder Eigentümer des Grundstücks oder vom Eigentümer zur Bestellung nach § 185 ermächtigt.

Bestellt ein Nichtberechtigter eine Grundschuld, so kann diese unter Umständen gutgläubig erworben werden. Dies hängt davon ab, ob der Verfügende als Eigentümer im Grundbuch eingetragen ist (§ 892 I) und der Erwerber weder Kenntnis von der Nichtberechtigung des Veräußerers hat noch ein Widerspruch eingetragen ist (§§ 892 I, 891).

Eine Besonderheit ist die Eigentümergrundschuld: Der Eigentümer bestellt sich selbst eine Grundschuld am eigenen Grundstück durch Erklärung gegenüber dem Grundbuchamt und Eintragung im Grundbuch (§ 1196 II). Man fragt sich, was die Eigentümergrundschuld für einen Sinn hat (der Eigentümer kann ja nicht die Zwangsvollstreckung gegen sich selbst betreiben, § 1197 I)?

Die Eigentümergrundschuld kann jederzeit in eine Fremdgrundschuld umgewandelt werden. Das Entscheidende dabei ist, dass der Rang bestehen bleibt. Wenn der Eigentümer sich also eine erstrangige Eigentümergrundschuld bestellt und später weitere Grundpfandrechte eingetragen werden, kann er einem Kreditgeber immer noch eine erstrangige Grundschuld als Sicherheit bieten, indem er die Eigentümergrundschuld zur Sicherung der Forderung verwendet. Dann entsteht eine erstrangige Fremdgrundschuld. Ansonsten hätte er nur eine letztrangige Grundschuld zur Sicherung anbieten können. Wie wir wissen, ist der Rang eines Grundpfandrechts für den wirtschaftlichen Wert der Sicherheit ausschlaggebend. Die Kreditwürdigkeit steigt, wenn der Eigentümer eine erstrangige Grundschuld anbieten kann. Nachdem die Eigentümergrundschuld einmal zur Kreditsicherung verwendet worden war und dann nach Tilgung wieder zur Eigentümergrundschuld wurde, können nachrangige Grundpfandrechtsgläubiger Löschungsansprüche nach §§ 1179 a, 1179 b geltend machen. Ansonsten könnte der Eigentümer die Rangfolge umgehen, indem er mit seiner Eigentümergrundschuld rangwahrend immer wieder neue Forderungen sichert.

Eine Eigentümergrundschuld entsteht im Übrigen auch dann, wenn der Grundstückseigentümer und Schuldner einer hypothekarisch gesicherten Forderung die Forderung begleicht. Da die Forderung nach § 362 I erlischt und die Hypothek eine Forderung zwingend voraussetzt, wandelt sich das Grundpfandrecht in eine Eigentümergrundschuld um. Dabei bleibt der Rang erhalten, so dass der Eigentümer diese Grundschuld wieder zur Sicherung einer anderen Forderung verwenden kann. Auch hier sind allerdings die Löschungsansprüche nach §§ 1179 a, 1179 b zu beachten.

C. Die Übertragung der Grundschuld

Die Übertragung der Grundschuld erfolgt wie die Übertragung der Hypothek, mit dem Unterschied, dass es bei der Grundschuld kein „Mitlaufgebot" gibt, da § 1153 nicht auf die Grundschuld anwendbar ist. Dies hat zur Folge, dass es passieren kann, dass die gesicherte Forderung und die Grundschuld an verschiedene Personen abgetreten werden (praktisch sehr selten). Zur Erinnerung: Bei der Hypothek ist das nicht möglich. Gläubiger der Forderung ist auch immer der Gläubiger der Hypothek.

Wie die Grundschuld übertragen wird, hängt davon ab, ob es sich um eine Buchgrundschuld oder eine Briefgrundschuld handelt. Die Buchgrundschuld wird durch Einigung und Eintragung nach § 873 I Var. 3 übertragen. Die Abtretung bedarf keiner besonderen Form.

Bei der Briefgrundschuld ist eine schriftliche Abtretung nötig (§§ 1192 I, 1154 I) oder die Eintragung der Abtretung im Grundbuch (§§ 1192 I, 1154 II). Zusätzlich muss der Grundschuldbrief übergeben werden.

Man sollte sich also folgende Normketten merken:

Übertragung der Briefgrundschuld:
§§ 1192 I, 1154 I oder II, 1117 I, II, 398, 413

Übertragung der Buchgrundschuld:
§§ 1192 I, 1154 III, 873 I Var. 3, 878, 398, 413

Wird die Grundschuld vom Nichtberechtigten übertragen, kann ein gutgläubiger Zweiterwerb stattfinden. Die einschlägige Norm ist § 892 (Achtung: § 1138 ist nicht anwendbar, da die Fiktion einer Forderung gar nicht nötig ist. Die Grundschuld kann schließlich auch ohne Forderung übertragen werden). Der Veräußerer muss also im Grundbuch als Grundschuldinhaber eingetragen sein. Bei einer Briefgrundschuld reicht es nach §§ 1155, 1192 I aus, wenn eine zusammenhängende, auf einen eingetragenen Gläubiger zurückführende Reihe von öffentlich beglaubigten Abtretungserklärungen bzw. entsprechender Akte nach § 1155 S. 2 besteht.

D. Einreden und gutgläubig-einredefreier Erwerb

Der Grundstückseigentümer kann Einwendungen und Einreden gegen die Grundschuld erheben. Zu unterscheiden sind dabei Gegenrechte aus dem Verhältnis zwischen dem Eigentümer und dem Grundschuldgläubiger und Gegenrechte aus der Sicherungsabrede (Achtung: § 1137 ist auf die Sicherungsgrundschuld nicht anwendbar!)

Zu den Einwendungen, die dem Eigentümer unabhängig vom persönlichen Schuldner zustehen, gehört das Vorbringen, dass die Grundschuld nicht entstanden sei, etwa wegen unwirksamer Bestellung (Beispiele: Besteller ist nicht geschäftsfähig oder nicht zur Bestellung berechtigt). Der Einwand, dass der Besteller der Grundschuld Nichtberechtigter gewesen sei, greift nur durch, wenn der Erwerber nicht gutgläubig war, da ansonsten die Grundschuld wirksam entstanden ist (gutgläubiger Ersterwerb nach § 892 I 1 Var. 2). Ferner gehören die Verjährung des Duldungsanspruchs und die Einrede der Stundung der Grundschuld zu den Einreden, die der Eigentümer unabhängig geltend machen kann.

Bei Einwendungen gegen die gesicherte Forderung muss man sich klar machen, dass diese die Grundschuld zunächst nicht direkt betreffen, da die Grundschuld (im Gegensatz zur Hypothek) kein akzessorisches Sicherungsrecht ist. Führen Einwendungen und Einreden gegen die gesicherte Forderung aber zu Einreden aus dem Sicherungsvertrag, können sie nach §§ 1192 I, 1157 S. 1 BGB dem Grundschuldgläubiger entgegengehalten werden. Indirekt kommen die Einwendungen gegen die Forderung über den Umweg der Sicherungsabrede doch zum Tragen. Die Sicherungsabrede verwandelt also die Einreden des persönlichen Schuldners in eigene Einreden des Eigentümers. Beispiele für solche Gegenrechte, die aus der Sicherungsabrede fließen, sind das Nichtentstehen, die Nichtfälligkeit oder das Erlöschen der Forderung (Achtung: die Einrede der Verjährung der gesicherten Forderung gehört nicht dazu).

Die wichtigste und häufigste dieser Einreden ist der Einwand, dass die Grundschuld zwar bestellt wurde, der zu sichernde Kredit aber nicht ausgezahlt wurde. Diesen Einwand nennt man „Einrede der Nichtvalutierung".

Können die Einreden auch gegenüber demjenigen, der eine Grundschuld im Wege der Abtretung erwirbt (Zweiterwerb), entgegengehalten werden?

§§ 1192 I, 1157 I bestimmen, dass die Einreden auch gegenüber dem Rechtsnachfolger gelten. Es gibt allerdings eine Ausnahme: Eine Grundschuld kann gutgläubig-einredefrei erworben werden, wenn der Erwerber von der Einrede nichts weiß und die Einreden nicht Grundbuch eingetragen wurde (§ 1157 S. 2). Der gutgläubig-einredefreie Erwerb vollzieht sich also nach §§ 1192 I, 1157 S. 2, 892.

E. Zahlung auf Forderung und Grundschuld

Wie im Hypothekenrecht muss man auch bei der Grundschuld unterscheiden, ob persönlicher und dinglicher Schuldner eine oder zwei Personen sind und wer bezahlt.

Da auf die Forderung und auf die Grundschuld bezahlt werden kann, stellt sich manchmal die Frage, worauf ein Zahlender geleistet hat. Ist nichts Besonderes in der Sicherungsabrede vereinbart, kann man davon ausgehen, dass bei Personenidentität zwischen dinglichem und persönlichem Schuldner auf Forderung und Grundschuld zugleich gezahlt wird (bei Ratenzahlung ausnahmsweise nur auf die Forderung). Sind Eigentümer und persönlicher Schuldner verschiedene Personen, so kann man davon ausgehen, dass der persönliche Schuldner auf die Forderung und der dingliche Schuldner auf die Grundschuld bezahlt (sofern nicht etwas anderes gewollt ist).

Personen-identität	Personenverschiedenheit						
	Persönlicher Schuldner bezahlt		Dinglicher Schuldner (Eigentümer) bezahlt		Dritter zahlt (ablösungsberechtigt)	Dritter zahlt (nicht ablösungsberechtigt)	
	Persönlicher Schuldner soll die Last tragen	Dinglicher Schuldner soll die Last tragen	Persönlicher Schuldner soll die Last tragen	Dinglicher Schuldner soll die Last tragen			
s.u. unter I.	s.u. unter II.	s.u. unter III.	s.u. unter IV.	s.u. unter V.	s.u. unter VI.	s.u. unter VII.	

Die folgenden Konstellationen sind nicht leicht zu verstehen. Man sollte sie Schritt für Schritt langsam anhand des Gesetzes nachvollziehen und sich langsam „durchbeißen".

Zu I.)

Bei Zahlung auf die Forderung und auf die Grundschuld: Die Forderung erlischt nach § 362 I. Die Grundschuld geht auf den Eigentümer über und wird dort Eigentümergrundschuld (h.M. § 1143 I analog, a.A. § 1163 I 2 analog).

Bei Zahlung *nur* auf die Forderung: Die Forderung erlischt nach § 362 I. Aus der Sicherungsabrede ergibt sich an Anspruch auf Rückgewähr der Grundschuld. Die Grundschuld wird dann zurückabgetreten (§§ 1192 I, 1154) oder es wird auf sie verzichtet (§§ 1192 I, 1168), oder sie wird aufgehoben (§§ 1192 I, 1183, 875). Bei Rückabtretung und Verzicht entsteht eine Eigentümergrundschuld, bei Aufhebung erlischt die Grundschuld.

Zu II.)

Bei Zahlung *nur* auf die Forderung: Die Forderung erlischt nach § 362 I. Die Grundschuld bleibt zunächst bestehen, dem Eigentümer steht aber aus der Sicherungsabrede ein Anspruch auf Rückübertragung zu.

Bei Zahlung *nur* auf die Grundschuld (seltener Fall): Der Eigentümer hat einen Anspruch auf Abtretung der Forderung aus der Sicherungsabrede (§ 1143 analog). Die Fremdgrundschuld wird zur Eigentümergrundschuld (§ 1163 I 2). Dem persönlichen Schuldner steht gegen den Gläubiger die Einrede aus § 242 zu, da die Forderung zwar noch nicht erloschen ist, der Gläubiger sein Geld aber schon erhalten hat (durch Zahlung auf die Grundschuld).

Zu III.)

Bei Zahlung *nur* auf die Forderung: Die Forderung erlischt nach § 362 I. Die Grundschuld bleibt zunächst bestehen. Da der Eigentümer die Zahlungslast tragen soll, steht dem persönlichen Schuldner gegen den Grundschuldgläubiger ein Anspruch auf Abtretung der Grundschuld zu. Dadurch wird der persönliche Schuldner zum neuen Gläubiger der Grundschuld. Der persönliche Schuldner ist Grundschuldgläubiger geworden (das Ergebnis stimmt also mit § 1164 überein, der aber nur für die Hypothek, nicht aber für die Grundschuld gilt).

Bei Zahlung *nur* auf die Grundschuld (seltener Fall): Der Eigentümer hat einen Anspruch auf Abtretung der Forderung aus der Sicherungsabrede (§ 1143 analog). Die Fremdgrundschuld wird zur Eigentümergrundschuld (§ 1163 I 2). Dem persönlichen Schuldner steht gegen den Gläubiger die Einrede aus § 242 zu, da die Forderung zwar noch nicht erloschen ist, der Gläubiger sein Geld aber schon erhalten hat (durch Zahlung auf die Grundschuld).

Zu IV.)

Bei Zahlung auf die Forderung: Die Forderung erlischt nach § 362 I. Der Eigentümer hat aus der Sicherungsabrede einen Anspruch gegen den Gläubiger auf Rückgewähr der Grundschuld (durch Rückabtretung, Verzicht oder Aufhebung). Die Fremdgrundschuld wird bei Rückübertragung oder Verzicht zur Eigentümergrundschuld. Bei Aufhebung erlischt sie. Der Eigentümer hat einen Regressanspruch gegen den persönl. Schuldner.

Bei Zahlung *nur* auf die Grundschuld: Der Eigentümer erwirbt die Grundschuld nach §§ 1192 I, 1143 analog. Sie wird zur Eigentümergrundschuld. Die Forderung erlischt nicht. Aus dem Sicherungsvertrag hat der Eigentümer in der Regel einen Anspruch gegen den Gläubiger auf Abtretung der Forderung an den Eigentümer. Dadurch erhält der Eigentümer gegen den persönlichen Schuldner eine Rückgriffsmöglichkeit. Es wurde also der Gläubiger der Forderung ausgetauscht.

Zu V.)

Bei Zahlung auf die Forderung: Die Forderung erlischt nach § 362 I. Der Eigentümer hat aus der Sicherungsabrede einen Anspruch gegen den Gläubiger auf Rückgewähr der Grundschuld (durch Rückabtretung, Verzicht oder Aufhebung). Die Fremdgrundschuld wird bei Rückübertragung oder Verzicht zur Eigentümergrundschuld. Bei Aufhebung erlischt sie.

Bei Zahlung *nur* auf die Grundschuld: Der Eigentümer erwirbt die Grundschuld nach §§ 1192 I, 1143 analog. Sie wird zur Eigentümergrundschuld.

Zu VI.)

Bei Zahlung auf die Forderung: Die Forderung geht auf den Dritten über (§§ 1150, 268 III 1). Der Dritte hat einen Anspruch gegen den Gläubiger auf Übertragung der Grundschuld (§ 401 analog).

Bei Zahlung *nur* auf die Grundschuld: Die Forderung geht auf den Dritten nach §§ 1150, 1192 I, 268 III, die Grundschuld geht auf ihn nach § 268 III über.

Zu VII.)

Bei Zahlung auf die Forderung: Die Forderung erlischt nach §§ 362 I, 267. Der Eigentümer hat aus der Sicherungsabrede einen Anspruch gegen den Gläubiger auf Übertragung der Grundschuld.

Bei Zahlung *nur* auf die Grundschuld: Die Forderung erlischt nach § 364 II analog. 267. Der Eigentümer erwirbt die Grundschuld und diese wird zur Eigentümergrundschuld.

Bestellung einer Grundschuld (Ersterwerb)

1. Einigung gemäß § 873 I Var. 2 mit dem Inhalt des § 1191 (evtl. § 1116 II).

2. Eintragung gemäß § 873 I mit dem Inhalt der §§ 1192 I, 1115 I.

3. Briefgrundschuld: Übergabe des Briefes, §§ 1192 I, 1117.

   Buchgrundschuld: Eintragung des Ausschlusses nach §§ 1192 I, 1116 II 1.

4. Einigsein bei Eintragung, § 873 II.

5. Berechtigung des Bestellers.

   Fehlt die Berechtigung, ist gutgläubiger Erwerb möglich, wenn

   - Verfügender als Eigentümer im Grundbuch eingetragen ist (§ 892 I) und

   - der Erwerber weder Kenntnis von der Nichtberechtigung des

     Veräußerers hat noch ein Widerspruch eingetragen ist (§§ 892 I, 891).

Übertragung einer Grundschuld (Zweiterwerb)

1. Abtretung der Grundschuld gemäß §§ 413, 398 in der Form des §§ 1192 I, 1154 I, II (schriftlich oder Eintragung der Abtretung im Grundbuch).

2. Bei Buchgrundschuld (§§ 1192, 1116 II): Eintragung des Erwerbers ins Grundbuch nach § 873 I Var. 3 erforderlich (§§ 1192 I, 1154 III).

   Bei Briefgrundschuld: Übergabe des Grundschuldbriefs, §§ 1192 I, 1117.

3. Berechtigung des Abtretenden.

   Fehlt die Berechtigung, ist gutgläubiger Erwerb möglich, wenn

   - Verfügender als Grundschuldinhaber im Grundbuch eingetragen

     (§ 892 I) oder

     durch Kette beglaubigter Abtretungserklärungen ausgewiesen ist

     (§ 1155) und

   - der Erwerber weder Kenntnis von der Nichtberechtigung des

     Veräußerers hat noch ein Widerspruch eingetragen ist (§§ 892 I, 891).

Übungsfall

Sachverhalt

Hobbysegler H braucht für die Verwirklichung seines Traums einer Weltumseglung dringend Geld. Kredithai K räumt ihm einen Kredit über 50.000 Euro ein, verlangt aber die Bestellung einer Grundschuld am Grundstück des H. In der Sicherungsabrede ist geregelt, dass K die Grundschuld nicht abtreten darf und sie nur zur Sicherung des Kredits verwenden darf. Bei Rückzahlung des Kredits verpflichtet sich K, die Grundschuld an H abzutreten. Nachdem H urplötzlich seekrank wird, muss er seinen Plan von der Weltumseglung fallenlassen. Er tilgt die Forderung und verlangt Rückabtretung der Grundschuld. Anstatt die Grundschuld an H abzutreten, tritt der geldgierige K sie abredewidrig schriftlich an X ab. Der Brief wird übergeben, und X wird auch im Grundbuch eingetragen. X wusste nicht, dass die Grundschuld eine Forderung geschert hatte, die unterdessen getilgt wurde.

Kann X von H die Duldung der Zwangsvollstreckung verlangen?

Lösung

Anspruch des X gegen H aus §§ 1192 I, 1147

X könnte gegen H einen Anspruch auf Duldung der Zwangsvollstreckung aus §§ 1192 I, 1147 haben.

1. Dazu müsste X Inhaber einer Grundschuld sein.

2. Der Eigentümer H hat X keine Grundschuld bestellt. X kann die Grundschuld daher nur im Wege des Zweiterwerbs von K erlangt haben.

a) Zunächst muss eine wirksame Abtretung der Grundschuld gemäß §§ 413, 398 in der Form des §§ 1192 I, 1154 vorliegen. Die Abtretung des K an X erfolgte schriftlich. Damit wurde die Form des § 1154 I gewahrt.

b) Ferner muss K nach §§ 1192 I, 1117 den Grundschuldbrief an X übergeben haben. Dies ist geschehen.

c) K müsste als Berechtigter gehandelt haben. Dies ist der Fall, wenn er im Zeitpunkt der Abtretung an X Inhaber der Grundschuld war.

aa) K könnte die Grundschuld von H erhalten haben.

bb) H hat sich mit K gemäß § 873 I Var. 2 über die Bestellung einer Grundschuld nach § 1191 geeinigt.

cc) Die Grundschuld wurde auch gemäß § 873 I im Grundbuch eingetragen, und die Briefübergabe nach §§ 1192 I, 1117 ist erfolgt.

dd) K und H waren sich auch bei Eintragung einig (§ 873 II), und H war als Grundstückseigentümer zur Bestellung der Grundschuld berechtigt.

d) Folglich war K Inhaber der Grundschuld.

e) Fraglich ist allerdings, ob K trotz seiner Inhaberschaft zur Abtretung der Grundschuld berechtigt war. Er durfte nämlich die Grundschuld wegen des Abtretungsverbots in der Sicherungsabrede nicht abtreten. § 137 verbietet allerdings vertragliche Vereinbarungen, die ein Veräußerungsverbot dinglicher Rechte enthalten. Das Abtretungsverbot hat daher keine dingliche Wirkung. Also trat K die Grundschuld als Berechtigter ab.

3. Mithin hat X die Grundschuld von K im Wege des Zweiterwerbs rechtmäßig erworben.

4. Es besteht daher grundsätzlich ein Anspruch des X gegen H aus §§ 1192 I, 1147.

5. Diesem Anspruch könnte allerdings eine Einrede aus dem Sicherungsvertrag entgegenstehen. Der Zweiterwerber muss sich Einreden, die sich bereits gegen den Ersterwerber richteten, entgegenhalten lassen, es sei denn, es liegt ein gutgläubig lastenfreier Erwerb vor.

a) H hatte K gegenüber die Einrede der Rückübertragung. Der Sicherungsvertrag sah vor, dass K nach Tilgung des Kredits zur Rückübertragung der Grundschuld verpflichtet war. Diese Einrede muss sich grundsätzlich auch X entgegenhalten lassen.

b) Etwas anderes würde gelten, wenn X die Grundschuld von K gutgläubig einredefrei nach §§ 1192 I, 1157, 892 I 1 erworben hätte.

aa) X hat von K ein dingliches Recht erworben.

bb) X müsste bezüglich der Einredefreiheit gutgläubig gewesen sein. Nach § 892 darf er von der Einrede nichts gewusst haben. Die Einrede des H war nicht im Grundbuch eingetragen. X hatte keine positive Kenntnis vom Bestehen der Einrede, und es war auch kein Widerspruch im Grundbuch eingetragen. X war daher gutgläubig hinsichtlich der Einredefreiheit der Grundschuld.

c) X hat somit die Grundschuld von K gutgläubig einredefrei nach §§ 1192 I, 1157, 892 I 1 erworben.

Ergebnis: X hat gegen H einen Anspruch auf Duldung der Zwangsvollstreckung aus §§ 1191 I, 1147.

1. Was entspricht bei der Sicherungsgrundschuld strukturell dem Akzessorietätsprinzip der Hypothek?

   Die Sicherungsabrede. Sie verknüpft durch einen schuldrechtlichen Vertrag die Forderung mit der Grundschuld.

2. Welche Rechtsgeschäfte sind im Zusammenhang mit einer Grundschuldbestellung zu trennen?

   Darlehensvertrag, Sicherungsvertrag (Sicherungsabrede) und die dingliche Einigung über die Bestellung der Grundschuld.

3. Nach welchen Vorschriften wird die Briefgrundschuld übertragen?

   §§ 1192 I, 1154 I bzw. II, 1117 I, II, 398, 413

4. Nach welchen Vorschriften wird die Buchgrundschuld übertragen?

   §§ 1192 I, 1154 III, 873 I Var. 3, 878, 398, 413

5. Welche Prüfungsschritte sind bei der Bestellung einer Grundschuld zu beachten?

   1. Einigung gemäß § 873 I Var. 2.
   2. Eintragung gemäß § 873 I mit dem Inhalt der §§ 1192 I, 1115 I.
   3. a) bei Briefgrundschuld: Übergabe des Briefes, §§ 1192 I, 1117.
      b) bei Buchgrundschuld: Eintragung des Ausschlusses nach §§ 1192 I, 1116 II 1.
   4. Einigsein bei Eintragung, § 873 II.
   5. Berechtigung des Bestellers.

6. Woraus ergibt sich, dass Einreden auch gegenüber dem Rechtsnachfolger gelten?

   §§ 1192 I, 1157 I.

7. Fällt eine Sicherungsgrundschuld nach Tilgung der Forderung automatisch an den Eigentümer zurück?

   Nein, da Forderung und Grundschuld unabhängig sind, besteht nur ein Anspruch des Eigentümers auf Rückabtretung, Verzicht oder Löschung der Grundschuld aus der Sicherungsabrede.

8. Wie nennt man den Einwand, dass der Kredit, der durch die Grundschuld gesichert werden soll, noch nicht ausbezahlt wurde?

   Einrede der Nichtvalutierung.

11. Kapitel:
Dienstbarkeiten und Nießbrauch

Dienstbarkeiten und Nießbrauch sind dingliche Rechte am Grundstück. Dienstbarkeiten räumen jemandem das Recht einer bestimmten Grundstücksnutzung ein (z.B. ein Wegerecht auf dem Grundstück). Der Eigentümer muss also eine bestimmte Grundstücknutzung eines Dritten dulden.

Was Inhalt einer **Dienstbarkeit** sein kann, steht in § 1018:

Nutzungsrechte (z.B. Wegerechte, Weiderechte), Unterlassungsansprüche (Ansprüche, die der Eigentümer sonst hätte, werden abgeschwächt), Ausschluss von Abwehransprüchen (z.B. aus § 1004).

Das Grundstück, auf dem die Beschränkung lastet, nennt man *dienendes Grundstück*, das Grundstück, zu dessen Gunsten sich eine Dienstbarkeit auswirkt, heißt *herrschendes Grundstück*.

Es gibt zwei verschiedene Formen der Dienstbarkeit, die Grunddienstbarkeit (§ 1018) und die beschränkte persönliche Dienstbarkeit (§ 1090). Der Unterschied liegt darin, dass bei der Grunddienstbarkeit immer der jeweilige Eigentümer des dienenden Grundstücks verpflichtet und der Eigentümer des herrschenden Grundstücks berechtigt wird. Bei der beschränkten persönlichen Dienstbarkeit kann auch jemand Berechtigter sein, der nicht Eigentümer des herrschenden Grundstücks ist.

Eine Dienstbarkeit entsteht durch Einigung und Eintragung gemäß § 873. Sie ist vor Beeinträchtigungen durch Ansprüche aus §§ 1027 und 1090 II i.V.m. 1004 geschützt.

Der **Nießbrauch** ist ein dingliches Nutzungsrecht. Er kann an beweglichen und unbeweglichen Sachen (§ 1030 I) und an Rechten (§ 1068) bestellt werden. Der Berechtigte eines Nießbrauchs an einem Grundstück erhält grundsätzlich alle Nutzungen am Grundstück, es sei denn es sind einzelne Nutzungen vertraglich ausgeschlossen worden. Er kann also auch die Früchte des Grundstücks behalten.

Ein Nießbrauch an einem Grundstück entsteht durch Einigung und Eintragung gemäß § 873.

Der Nießbrauch kann nicht veräußert oder vererbt werden. Er erlischt mit dem Tod des Berechtigten (§ 1061). Der Berechtigte ist vor Beeinträchtigungen durch Ansprüche aus §§ 1065 i.V.m. 1004 geschützt.

Index

Absolutheitsprinzip	4
Absonderungsrecht	66
Abstraktionsprinzip	4
Akzessorietät	31, 40, 50, 53, 70, 75
Anwartschaftsrecht	23 ff., 92
Aufhebung beschränkter dinglicher Rechte	62
Auflassung	14
Briefgrundschuld	106, 108, 113
Briefhypothek	72 ff.
Buchgrundschuld	106, 109, 113
Buchhypothek	72 ff.
Dienstbarkeit	117
Dinglicher Schuldner	68 f., 97 f., 110
Dingliches Rechtsgeschäft	12, 14, 35
Direkterwerb	25
Duldung der Zwangsvollstreckung	67 ff.
Eigentümergrundschuld	72, 107
Einrede der Nichtvalutierung	109
Einreden gegen die Hypothek	90 ff.
Erzeugnisse	92
Fiktion der Forderung	79, 81 ff.
Forderungsbezogene Einreden	91
Grundbuch	5 ff.
Grundbuchberichtigung	9 ff., 38, 45, 47
Grundbuchordnung	63
Grundschuld, Bestellung	
Grundschuld, Übertragung	108
Grundschuld, Zahlung	110 ff.
Gutglaubenswirkung	6
Haftungsverband	92 ff.
Hypothek, Bestellung	72 ff.
Hypothek, gutgläubiger Zweiterwerb	76 ff.
Hypothek, Übertragung	75

Hypothek, Zahlung	97 ff.
Inhaltsänderung beschränkter dinglicher Rechte	62
Isolierte Grundschuld	67, 105
Kette von Abtretungen	108
Kettenauflassung	24
Mangel in der Forderung	78
Meenzer Fassenacht	76, 78
Mitlaufgebot	75, 79, 87, 108
Nießbrauch	116
Persönlicher Schuldner	69, 90, 97, 110
Pfandrechtsbezogene Einreden	90, 109
Publizität	4, 7, 8, 11, 73
Rangänderung	8, 58 ff.
Rangvereinbarung	57
Realfolium	5
Realsicherheit	66
Relative Unwirksamkeit	33, 37 ff.
Rentenschuld	66 f.
Sicherungsabrede	34 ff, 105 ff.
Sicherungsgrundschuld	67, 105
Sicherungshypothek	82
Spezialitätsgrundsatz	4
Übergang der Forderung	98
Übertragungsfunktion	6
Verkehrsgeschäft	18
Vermutungswirkung	6
Vormerkung	30 ff.
Vormerkung, Bestellung	31 ff.
Vormerkung, Bewilligung	32
Vormerkung, gutgläubiger Ersterwerb	44 ff.
Vormerkung, gutgläubiger Zweiterwerb	50 ff.
Wesentliche Bestandteile	92
Widerspruch	18
Zubehör	92, 95

Außerdem erschienen im Richter Verlag

25 Fälle

- Band 1   BGB- Allgemeiner Teil
- Band 2   Klausurentraining Schuldrecht
- Band 3   Sachenrecht
- Band 4   Verwaltungsrecht
- Band 5   Strafrecht AT
- Band 6   Strafrecht BT
- Band 7   Staatsorganisationsrecht
- Band 8   Grundrechte

Streitstände *kompakt*

Band 1   Strafrecht AT

Band 2   Strafrecht BT

Band 3   BGB AT / Schuldrecht AT

Band 4   BGB Schuldrecht BT

Band 5   BGB Sachenrecht

Band 6   Verwaltungsrecht

Band 7   Staatsrecht

sowie

60 GRUNDFÄLLE zum SCHULDRECHT
SCHULDRECHT kompakt
Grundkurs Insolvenzrecht

WIRTSCHFTSWISSENSCHAFTLICHE GRUNDKURSE

- Makroökonomik
- Mikroökonomik
- Finanzierung
- Kostenrechnung
- Buchführung
- Übungsbücher

Kostenrechnung

Makroökonomik

Mikroökonomik